アスコム

How to
make the
crazy life

最高におもしろい人生の引き寄せ方

探検家
髙橋大輔
Daisuke Takahashi

たった一度だけの人生。
自分らしく、最高に楽しくするには
どうしたらいいか。
そのヒントになればと思い、
わたしはこの本を書いた。

――探検家　髙橋大輔

人生を最高にスリリングで楽しくしてくれた

探検家クイズ

あなたならどうしますか？

Question 1

サハラ砂漠を一人で旅していた。
気づくと、
六匹の野犬に取り囲まれていた。
犬は今にも襲いかかろうと、
唸(うな)り声を上げている。
危機一髪。手には武器になるものがない。
わたしはどうやってこの場を
乗り切ったでしょうか?

Answer

両腕を広げて
勢いよく回したり、手をたたいたり、
大きな唸り声を上げてみた。
さらにジャンプして野犬を威嚇（いかく）した。
だが効果なし。それどころか、
逆に野犬を刺激することに。
そのとき思い出したのが、
ポケットの中のマグライトという懐中電灯。
わたしは最後の望みを託して、
マグライトの光を犬の目に突き刺した。
その強烈な光に恐れをなした野犬たちは、
砂漠の中に消えていった。

Question 2

冒険小説『ロビンソン・クルーソー』のモデルが
漂流した島が南米チリにある！
まだ誰もその住居跡を発見した人はいない。
見つければ世界的な発見になる！
でも自分にはお金も、チリで活動する人脈もない。

わたしはいったいどういう行動をとったでしょうか？

Answer

ロビンソンの住居跡を探し、
自分の体験を本にすることにした。
仕事の合間に出版社三十社へ
企画書を送り、原稿を書き、
三年越しで出版にこぎつけた。
話題になってテレビ番組化の話がもち上がる。
わたしは広告代理店の営業として、
番組を一億円で売り、
ロケ地であるロビンソン・クルーソー島に
再訪を果たした。
そこで世紀の発見に近づく
重要なヒントを得ることになる。

Question 3

昔話『浦島太郎』を実話と思う人はいない。
しかし、『日本書紀』『丹後国風土記』などには、
浦嶋子という名で同じような物語が記されている。
史実をもとにした話だとしたら、
浦島太郎は実話ということになる。

わたしはいったいどこから探検を始めたでしょうか？

Answer

浦島太郎が実在していたなら、
カメも実在していたはずだと考えた。
カメの種類をアオウミガメと推定し、
その甲らに発信機を取り付けて
日本海の大海原に放流した。
するとカメは、
中国大陸へとたどり着いた。
海の向こうの楽園とは、
中国のことだったのか!?
そこから、新しい旅の扉が開かれていく。

六匹の野犬をマグライトで退散させたことも、
自分の旅が原作となった番組を一億円で売ったことも、
ウミガメに発信機を取り付けて浦島伝説を探ろうとしたことも、
全部、わたし自身が体験してきたこと。

わたしは、ただ自分がおもしろいと思った方向へ進んだだけ。
行けば何かある。
行かなければ何もない。
人生は、その一歩からおもしろくなるものだ。

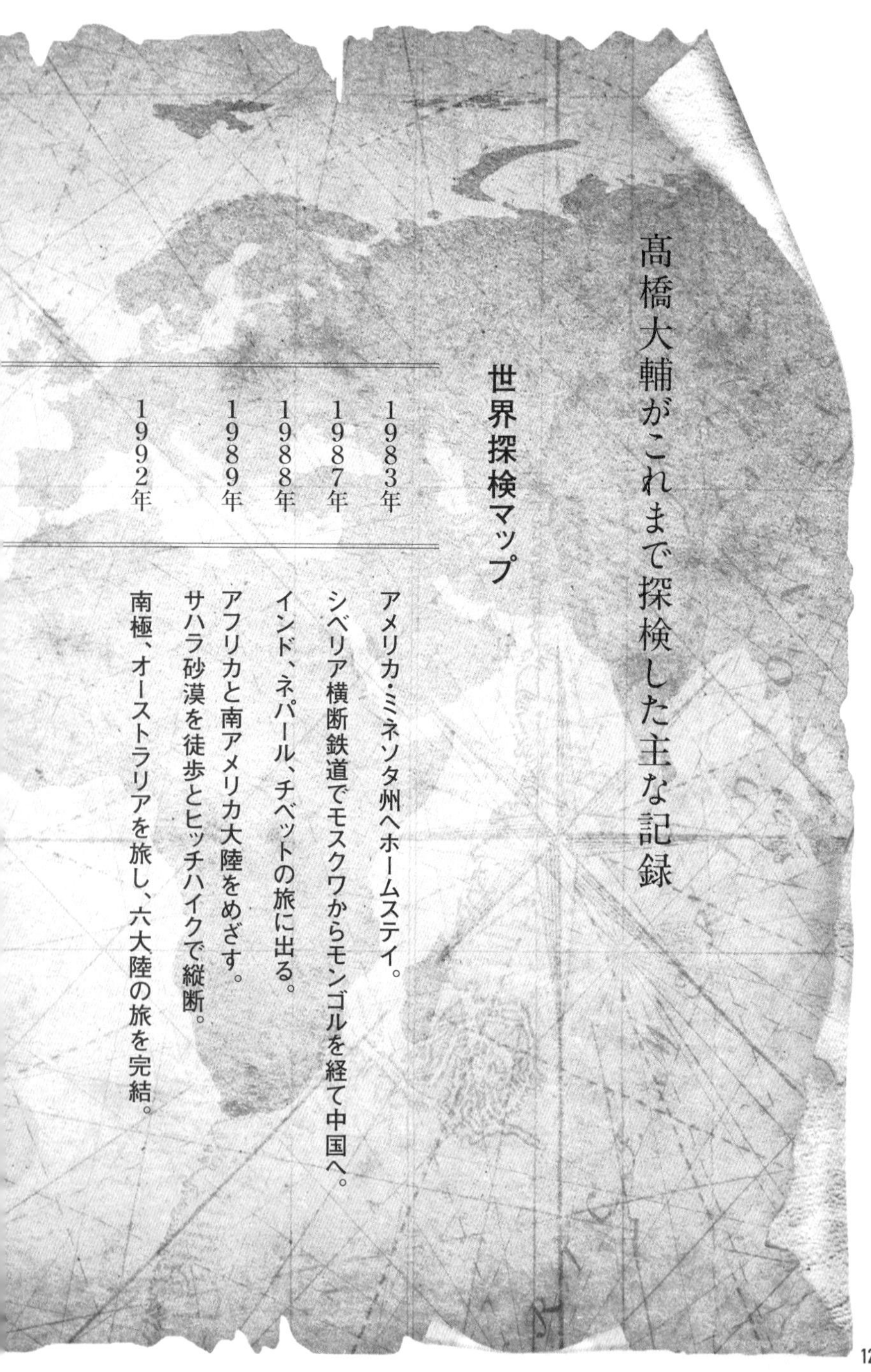

高橋大輔がこれまで探検した主な記録

世界探検マップ

1983年　アメリカ・ミネソタ州へホームステイ。

1987年　シベリア横断鉄道でモスクワからモンゴルを経て中国へ。

1988年　インド、ネパール、チベットの旅に出る。

1989年　アフリカと南アメリカ大陸をめざす。
サハラ砂漠を徒歩とヒッチハイクで縦断。

1992年　南極、オーストラリアを旅し、六大陸の旅を完結。

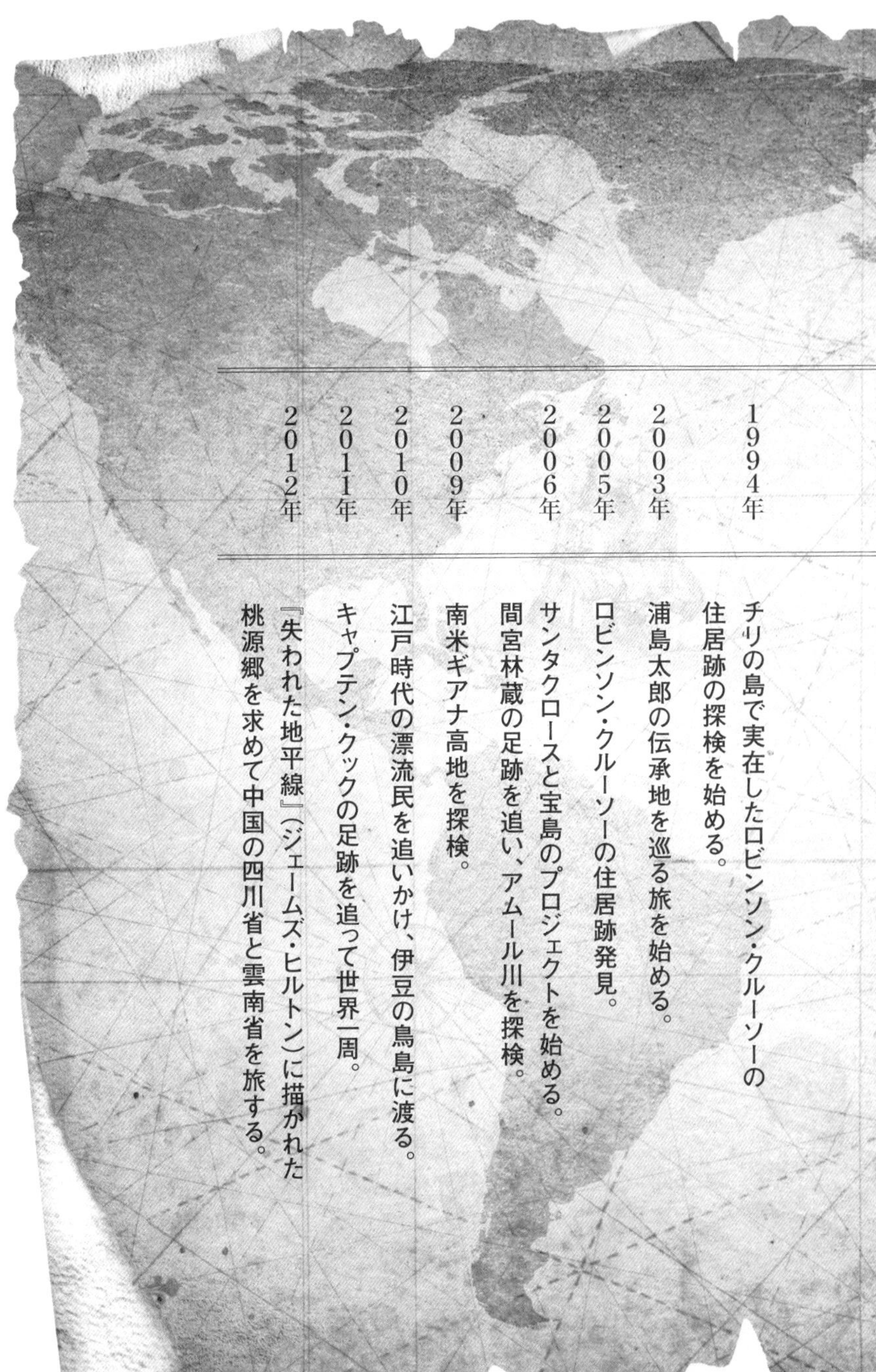

1994年	チリの島で実在したロビンソン・クルーソーの住居跡の探検を始める。
2003年	浦島太郎の伝承地を巡る旅を始める。
2005年	ロビンソン・クルーソーの住居跡発見。
2006年	サンタクロースと宝島のプロジェクトを始める。 間宮林蔵の足跡を追い、アムール川を探検。
2009年	南米ギアナ高地を探検。
2010年	江戸時代の漂流民を追いかけ、伊豆の鳥島に渡る。
2011年	キャプテン・クックの足跡を追って世界一周。
2012年	『失われた地平線』（ジェームズ・ヒルトン）に描かれた桃源郷を求めて中国の四川省と雲南省を旅する。

探検家が考える人生をおもしろく生きる五カ条

1.

人生のコンパスがおもしろいと
指し示す方向へ進め。

2.

仕事とプライベートの間に
垣根を設けない。

3.

妄想をとことん追え。
人生を変えるビッグチャンスがある。

4.

自分と好きなことの間に他人は介在しない。
目指すは、「自分史上初」。

5.

世の中が「ありえない」と
決めてかかることに果敢に向かっていけ。

探検家が考えるもうダメだと思ったときの切り抜け方五カ条

1. 最悪は自分を突き動かすバネであり、ビッグチャンスへの扉だ。

2. たとえわずかでも自分の実績を信じる。必ず未来への担保になる。

3. 「何があってもだいじょうぶ」と、あらゆる困難を受けて立つ者に困難は訪れない。

4. ハプニングにこそ、人生を突き動かすチャンスが潜んでいる。

5. ここで終わると思ったら、なりふり構わず逃げだせ。

探検家が考えるやりたいことを続けるための五カ条

1.

強い思いを
包み隠さず伝える。

2.

一度の失敗で諦めるなら、
ほかのどんなビッグチャンスだってものにできない。

3.

経験に捨てるものは
ひとつとしてない。

4.

過去は過去に置き去りにする。
成功は未来に向かう足かせになるときがある。

5.

ハッピーエンドの物語が
人間に無限の力を与える。

探検家が考える他力を自力にする五カ条

1. 自ら動かないものに、誰も手を差し伸べてはくれない。

2. 「雨降って地固まる」ほうが、頼れる仲間になれる。

3. 揺るぎない自信こそ、相手の信頼を勝ち得る絶対的条件。

4. 言葉をひとつ覚えれば、友だちが一人できる。

5. ライバルの存在は大切だ。根性と気合を与えてくれる。

わたしは、子どもの頃から探検家を夢見ていたわけではない。
なりたかったのは、生物学者や天文学者。
でも、「おもしろい」を選択して生きていたら、
いつの間にか探検家になっていた。
そして、今も最高に楽しく生きている。

人生を楽しくすることは、あなたにもできる。
さあ、一緒に人生を探検しよう！

目次

Contents

第2章

勇気のスイッチをオンにしろ！

第3章 おもしろい方向へ進め！

第4章 妄想から始める！

第5章 立て、そしてどこまでも行け！ …… 197

第6章

好きなことをとことんやり続けるための3つの心がまえ

プロローグ

型を破れ！

型破りだ！（Exceptional!）

ロビンソン・クルーソーの住居跡を南米チリで発見した二〇〇五年、わたしは探検の殿堂、アメリカのナショナル ジオグラフィック協会で、そう迎えられた。

ロビンソン・クルーソーとは、冒険小説『ロビンソン漂流記』の主人公である。住居跡なんて現実に探せるわけがない。ナショナル ジオグラフィック協会の人たちはそう思い込んでいた。

日本でなら、浦島太郎がカメに連れて行ってもらった龍宮を探すようなものだ。彼らには無茶な話と映ったのだろう。

だが、わたしはその無茶を成し遂げたのである。

ロビンソンには実在したモデルがいた。

アレクサンダー・セルカーク（一六七六―一七二一）という英国生まれの船乗りとされる。彼は南米チリにある無人島（現在のロビンソン・クルーソー島）に上陸し、一人きりで四年四カ月間を生き抜いた。

ところが、小説『ロビンソン漂流記』が世界的名声を獲得するにつれ、モデルの存在は忘れ去られ、まるで空想の物語のように思われていった。

セルカークの住居跡を探そうという者は一人もいなかった。

わたしはそこに着目した。

世界中に読者がいる小説だけに、もし住居跡を見つけ出せば大きな話題になる。

広告代理店に勤務しながら調査を進め、たまった代休や有給休暇を使って現地（南米チリ）に出かけた。そして有力候補の遺跡を見つけると退職の道を選び、発掘調査に乗り出してついに決定的な証拠を手にしたのだ。

実に足かけ十三年、島に渡ること五度目のことだった。

成功には秘密がある。

探検への情熱はもちろんだが、それと同じぐらい会社の仕事を大切にしたことだ。仕事で得た経験こそが、不可能とも思える探検を可能にした。

会社を辞めたのは、仕事が嫌になったのが理由ではない。仕事に没頭するタイプのわたしには、独特の流儀があった。**仕事とプライベートの間に垣根を設けない**という働き方だ。もちろん会社にプライベートを持ち込めば「公私混同」と叱られる。

では逆はどうか。

プライベートに仕事をリンクさせるのだ。

わたしは在職中、自分のロビンソン追跡を会社のビジネスに仕立て上げ、一億円の売り上げを弾(はじ)き出した。正直なところ、退職を決めたときには、会社というステージで出世以外にやりたいことをすべてやりきってしまっていた。

一億円プレイヤーのビジネスマンが、探検家となり架空の物語を追う。それだけでも風変わりだが、本当にロビンソンの住居跡を見つけてしまった。しかもその発見はワールドニュースで報じられ、日本では高校の英語の教科書にも掲載された。

だがそれだけでは満足できず、さらに野心的になった。

ロビンソンの次に取り組んだのは昔話「浦島太郎」だ。

実在するモデルがいたロビンソンならまだわかる。おとぎ話の浦島太郎を追跡しようなど「無茶を超えて冗談にもほどがある……」と思うかもしれない。

世間からまたしても様々な言葉を浴びせかけられた。

「異色」「クレイジー」「浮世離れ」

いや、待ってくれ。

浦島太郎にも実在したとみるべき根拠があるのだ。最古の伝説が記された『日本書紀』には浦島太郎のモデル、浦嶋子が登場する。

わたしは世の中が「ありえない」と決めてかかることに果敢に向かっていく。原動力は好奇心だ。

実在するロビンソンを追跡し、住居跡という動かぬ証拠を見つけた好奇心がほかの物語に次々と飛び火し、燃え上がる。

神話や伝説、昔話は誰かが勝手に想像で作り出したものなのか。

ロビンソンや浦島の謎に迫るうち、どんな物語にも「種」があるのではないかと思うようになった。

物語は空想だけで作り出されるわけではない。実在した人物や現実のできごとを種として芽を出し、成長したものが物語ではないかという考えだ。

何気ないできごとに尾ひれがつき、とんでもない話になっていくことは多い。『ロビンソン漂流記』の場合、モデルの無人島サバイバルは四年四カ月だったが、小説では二十八年に引き延ばされた。『日本書紀』に登場する浦嶋子の伝説は、蓬莱（龍宮）行きや玉手箱を開け老人になるエピソードなど、人目を引く話で装飾されている感がある。

ありえない物語にも現実の出発点がありそうだ。

物語の作者は地味な現実に尾ひれをつけ、おおげさにすることで人々の気を引き、何事かを後世まで伝えようとする。物語の種をつかめば物語の存在意義や本当のメッセージを汲み取ることができるはずだ。

物語の種を探すには、本の中の世界にいるだけではダメだ。現実世界に飛び出してこそ、動かぬ証拠を手にできる。

その探検スタイルをわたしは「物語を旅する」と呼び、生涯の旗じるしとして、誰もが架空と思う物語に深く入り込み、リアリティを探し続けている。

＊『ロビンソン漂流記』からスピンオフした『宝島』『ロストワールド』『失われた地平線』などの冒険小説の世界。
＊浦島太郎やサンタクロース、八百比丘尼など架空と思われている人物。
＊イースター島のモアイやブラジルの失われた都市などの古代文明。
＊北欧ヴァイキングや北海道アイヌ、ネイティブアメリカン、オーストラリアのアボリジニなど先住民族の創世神話や聖地。
＊キャプテン・クックや間宮林蔵といった歴史上の人物にまつわる伝説。
＊江戸時代の漂流民が漂流した伊豆鳥島や北アルプス剱岳の大自然、対照的に大都会東京に埋もれた歴史ミステリー。
＊鬼や人魚のような妖怪や幻獣、怪魚タキタロウなど。

赤道直下の熱帯から北極圏まで。
砂漠からジャングル、大海原や山脈の奥深くへ。

物語を求め、縦横無尽に渡り歩く。
世界には、何と多くの不思議なことが潜んでいることか。

わたしの探検は、まるで散らかしたおもちゃのようだ。

ロビンソンを追跡する探検家が、なぜ浦島太郎やヴァイキング、キャプテン・クックなど手当たり次第に手を染めるのか。

そもそもなぜこんな人生を歩み始めたのか。
もちろん最初からズレていたわけではない。
子どもの頃は顕微鏡や望遠鏡を駆使する生物学者や天文学者、あるいは国連のような国際機関で働きたいと思っていた。学生時代に外国へ旅に出かけたのも、海外で活躍したいという憧れがあったからだ。

わたしは人生について、努力と研鑽により夢を叶(かな)えるものと思っていた。一面、間違いではない。だが人生はそれほど単純でない。むしろ夢を踏みにじるようなできごとが平気で起きる。そういうハプニン

グに左右されるのが人生だ。

一九八九年、ブラジルで生きるか死ぬかという怪我をした。

その経験から、世の中の常識にとらわれない生き方を身につけた。前途に探検家の道が開けていったのだ。

人生の転機はある日突然訪れる。

自分が望まないような恐ろしい体験もある。

思いがけないできごとにこそ、人生を「転ばせ」、突き動かす「チャンス」が潜んでいる。その転機を受け入れたからこそ、探検家という今の自分がいる。

わたしは夢みていた職業にはつけなかった。

いや、そうとも言えない。探検家となることで生物や天体を探求する学者のように未知を追い求め、世界を舞台に活躍するという希望を両方とも叶えてしまった。

これまでは、九死に一生を得るような体験の数々をあまり人に語ることがなかった。非現実的な話か単なる武勇伝とみなされ、「変わり者」というレッテルを貼られるだけだからだ。

だが、死にそうな体験は特殊なできごとではない。

生きるか死ぬかの境遇は誰にだってある日、突然やってくる。

地震とか台風のような天災や不測の事故に巻き込まれるだけでなく、平凡な日々の中で誰の人生にも起こる。死は皆に平等に訪れるものだ。

「自分の死亡記事を想像して書いてみてください」

講演で来場者にそう呼びかけることがある。会場の空気が張りつめる瞬間だ。死亡記事は遺書ではない。氏名に続いて死亡時の肩書や専門分野、死亡日時、場所、死因などが簡潔に記される。

人生は一度きり。死亡記事が掲載されるのは一回のみだ。

自分が何者であり、この世のどんな存在でありたいか。人間はひとりで生きているわけではない。社会の中で何らかの役割を担っている。

死亡記事は、自分の生涯を社会から評価される最終審判でもある。**実際には、自分の死亡記事を自分で書くことはできない。それをあえて自分の手で書くことで、人生を客観視しようという試み**だ。

それは人生の限界点を見つめ、理想の人生像を考える試みでもある。

生死の淵（ふち）を歩いてきたわたしは、今こそ伝えたい。

人生を動かすものは、望みもしないできごとだ。

それにどう反応し、消化できるかで道が決まる。

苦い体験こそ得難いものと感謝し、自分の血肉となすことで、揺るぎのない自信と未来を切り開く知恵を得る。誰にも真似（まね）できない、自分だけの人生を確立できる。

たとえ平凡な日常にあっても死を想像するだけで、生きることを意識し、「こう生きたい」と潜在意識の下に潜む理想を見つけ出せる。少なくとも、わたしはそうやって生きてきた。

唯一無二の人生は修羅場から誕生する。
あなたが開けるべきはその扉だ。
誰も開きたがらない扉から外へ出よ。
新しい世界に一歩、足を踏み出せ。

本書を読み、「型破り」で「異色」「クレイジー」かつ「浮世離れ」した発想や欲求が芽生えるなら、あなたにだって途方もない唯一無二のおもしろい人生が始まるに違いない。

第1章

最悪は超ラッキー！

行けば何かある。行かなければ何もない。

これまで何度か死にそうな目に遭った。

忌まわしき三大悲劇はヒマラヤとアフリカ、南米のアマゾンで起きた。

それらの体験がなければ、間違いなく、探検家になどならなかっただろう。

危険を避けるのではなく、なぜその渦中に没入するような人生を選んだのか。

それは、**再三にわたる瀕死（ひんし）の危険を乗り越えたとき、思いがけない風景が見えてきた**からだ。「恐ろしい」だけではない、特別の境地をつかんだのだ。

ヒマラヤに出かけたのは一九八八年のことだ。当時わたしは大学二年生だった。

ネパール中部の町ポカラから見るヒマラヤの姿は神々しい。

毎朝、早起きをして遠くから眺めるだけでも日本からやって来てよかったと感動した。万年雪の山肌は純白に輝き、一歩でもいいから近づいてみたいという衝動を起こさせる。

そんなわたしに、ある旅行者がアンナプルナ内院行きを勧めてくれた。

ゴールとなる標高四一三〇メートルのアンナプルナ・ベースキャンプに立てば、三六〇度ぐるりと六〇〇〇～八〇〇〇メートル級の峰々に取り囲まれる。万年雪に覆われる山々を見上げ、世界の中心に立つような感覚が味わえるパワースポットだという。彼はその魅力を、「人生観が変わった」と興奮気味に教えてくれた。


ポカラからアンナプルナ内院までは片道五日かかる。

毎日アップダウンのある山を歩き、ようやくたどり着ける。

わたしは町でレンタルした寝袋をバックパックに詰め込んで、ヒマラヤトレッキングの旅に出た。


入山初日。

その日のゴールとなるポタナ村を前にして、思いがけない事件を耳にした。

下山してきた男がわたしに言った。

「ナイフを持っているか」

ポタナ付近で山賊事件が起きたという。

事件発生を伝えた男は顔面蒼白で「戦えるナイフぐらい持っていないと危険だ」と言い残し、逃げるように山を下りていった。


ここで下山すべきではないか――。


即座に判断がつかなかった。

護身用の武器などは持っていない。だがポタナまであとわずか一時間だ。日が傾き、辺りはすでに薄暗くなっている。前進する以外になさそうだ。


ポタナでは血の海と化した修羅場が待っていた。

被害者は地元民が使うククリ（山刀）で全身をめった切りにされ、出血多量で瀕死の状態だ。四、五人組の山賊はパスポートや現金、カメラなどを奪い逃走したという。何よりショックだったのは、被害者がわたしと同じ「一人旅の日本人」だった点だ。

しかも事件発生の時刻を知り、絶句した。

その日、昼食に立ち寄った山村で、頼んだ料理を一時間も待たされた。もしそのハプニングがなければ、わたしは事件発生の時刻に犯行現場を通りかかっていたことになる。

幸いにも、トレッカー（旅行者）の中に医師がいた。

医師の要請に従い、村に居合わせた者は、夜通しで看病に加わった。被害者は虚ろな意識の中で悪夢にうなされていた。

わたしは彼が苦しむ様子をまともに直視できなかった。

それればかりか、暗闇にさえ視線を向けられない。

山中に潜む山賊が闇の中からこちらをうかがっているように思え、背筋が震えるばかりだ。**恐怖に怯(おび)えるまま何もできない非力さに唇を噛む。**「本当は自分がやられていたんだ……」という思いに、繰り返し責め立てられた。

翌朝、山村に飛来した救命ヘリに被害者を乗せ、どうにか肩の荷が下りた。下山するという選択肢もあったが、前進する人も少なからずいた。なぜ彼らは前に進もうとするのか。
脳裏に言葉が浮かんだ。

行けば何かある。行かなければ何もない。

わたしは、平凡な日常では味わえないすばらしい体験を求めて旅に出たはずだった。期待に反し、事態は最悪となった。だがそれはもう昨日のできごとだ。わたしには、また新しい旅の日が始まっている。今度こそいい巡り合わせがあるだろう。

しかもヒマラヤの聖地に対する憧れは消えていない。
いやむしろ、山賊事件に遭遇したことで大きくふくらんだ。
その聖地は今や、目と鼻の先に迫っているのだ。

恐怖心よりも好奇心がわずかに上回り、再び山を登り始めた。

五日がかりでゴール地点の内院へと入り込む。ところが待っていたのは、聖地でも、絶景でもなかった。一メートル先の見通しもきかない白い濃霧のホワイトアウトだった。
もはやなす術(すべ)はない。もぬけの殻のようになって下山した。

サハラ砂漠で野犬に襲われたらどうする？

ヒマラヤの山賊事件から一年後の一九八九年。
わたしは一人、サハラ砂漠を歩いていた。

ヒマラヤで懲りたはずだったが、数カ月もたたないうちに恐怖は消えた。
「危険な目に遭いはしたが、自分は生き残ったではないか――。きっとだいじょうぶだ」

恐怖心はいつしか意味のない過信にすり変わっていた。

ユーラシア大陸に横たわるヒマラヤを体感したわたしは、世界地図で目にするサハラ砂漠とアマゾン川を見てみたいと思い、アフリカと南アメリカの二大陸を一気に旅する計画に乗り出した。

アフリカ北部チュニジアにあるオアシスの町トズールから、サハラ砂漠へと足を踏み込む。徒歩とヒッチハイクで三〇〇〇キロメートルに及ぶ砂漠越えに乗り出したのだ。北海道から沖縄までの日本列島と同じぐらいの距離だ。

毎日代わり映えのしない砂漠を旅していると、時間の感覚さえ失われていく。出発から何日目のこともわからなくなっていた。

どこかからラッパのような音が聞こえてきた。

耳を澄ますと、ラッパの音ではなかった。遠くのほうから、岩のような塊が地面を転がるように向かってきた。

正体がはっきりしたときには、もう遅かった。

気がつけば六匹の犬に囲まれている。

野犬は鼻を前に突き出し、くんくんと音を立てながらにおいを嗅ぎ、わたしに吠えたてた。

遊牧民が飼っている犬だろうか……。

見たところどれもみな痩せこけ、わき腹にはあばら骨が浮き出ている。開いた口元から唾液がだらだらとたれ、獰猛(どうもう)な目つきは飼い犬というよりも獲物を前にしたハイエナ同然だ。

野犬は、わたしの周りをぐるぐると回り始めた。

何が何だかわからないうちに「やるか、やられるか」という状況に追い込まれている。犬の動きに注意を払いながら背負っているバックパックを下ろした。

武器になりそうなものを探している暇はもうない。

さらさらの砂の上には石ころひとつ落ちていない。

仕方なくわたしは大声を張り上げ、両手を広げて野犬を威嚇（いかく）した。彼らは叫び声や大げさな身振りに戸惑っているようだ。


だが一匹に噛みつかれたら最後、残り五匹も一気に襲いかかってくるだろう。

野犬の攻撃にさらされ、しまいに食い殺されてしまうかもしれない。**もたもたしていてはいけない。とにかく早く決着をつけなければ、やばいことになる……。**

わたしは一気に勝負に出た。

広げた両腕を大車輪にして勢いよく回す。

大きな唸（うな）り声の音程を上げ下げして脅しをかけ、追い払おうとした。野犬たちは少し後ずさりした。ここぞとばかり、勢いよく手をたたき、彼らの意表をつくようにジャンプしてみせた。

それは効果を発揮しないどころか、彼らをさらに刺激してしまったようだ。

わたしをぐるりと取り囲んでいた野犬は、猛烈な勢いで走り始めた。

どんなふうに攻撃をしかけてくるつもりなのか？

走り回る野犬にもてあそばれるまま、何もできずに立ち尽くすしかない。ハアハアという犬の息づかいが近づいてきた。気がつけば野犬は間近に迫っていた。彼らは回転しながら巧妙に距離を詰めてきたのだ。

怖い！　そう感じたときにはもう遅い。

知らぬ間に劣勢に立たされていた。

唸り声を上げても、腕を大車輪にして回しても効き目がない。

「やられる」と思った瞬間、犬に立ち向かう力を失い、闘志は恐怖にすりかわってしまった。**恐怖は諦めと祈りがないまぜになったような心細い気分へと転落していく。**

わたしはもう半ば野犬に食い殺されかけていた。

アリ地獄に落ちたアリ同然だ。

そのときふと、ポケットの中にマグライトがあることを思い出した。眩しい光を放つことから米軍などでも使われている懐中電灯だ。

すでにあたりは薄暗くなりかけていたから、うまくいけば使えるかもしれない。

土壇場に追い詰められ、マグライトに最後の望みをたくした。

野犬はついに攻撃をしかけてきた。リーダーと思われる犬が、歯をむき出しにして向かってきた。

その瞬間を逃さず、マグライトの光を犬の目に浴びせた。すると犬は強烈な光に恐れをなした。想像以上の効果がある。

無我夢中で次々と野犬の目を照らしていく。

それはビーム光線の魔法の剣のように向かうところ敵なしだ。彼らは背中を見せて砂漠の中に姿を消した。

わたしはどうにか食い殺されることを免れた。

ナイジェリアでは警察官に脅される

サハラ砂漠を三週間がかりで越え、ナイジェリアにやって来た。

ナイジェリアは軍事国家として悪名高く、銃が幅をきかせている。武力に物を言わせているのは、ギャングや町のごろつき連中ばかりではない。

わたしを脅すのは、ほかならぬ警察官なのだ。

国境からの一本道には警察のチェックポストが次々と並び、外国人のわたしは怪しまれ、通過するたびに別室に連行され尋問を受けた。

警察官はパスポートを確かめ、バックパックの中身をテーブルの上にすべて出すようにと指示した。そしてありもしない通行税を要求したり、持っていた胃薬を違法麻薬だと決めつけるなど、難癖をつけて金をかすめとろうとした。

「金がない」と答えると、今度はバックパックやカメラ、服をあからさまに欲しいと言いだす。

あるチェックポストでは、警察官がパスポートに押印されたビザにボールペンで二本の斜線を引き、地面に叩きつけた。

「これは無効だ！　取り直してこい」

東京のナイジェリア大使館で発行されたビザだ。無効のはずはない。

だがボールペンで斜線を引かれてしまった以上、今後どんな難癖をつけられるかわからない。

どうにかナイジェリア北部のカノに到着した。

旅行者は宿泊する町の警察署に出頭し、パスポートとビザの確認を受ける決まりになっている。できるだけ身なりのいい男をつかまえて場所を尋ねた。

恰幅のいいスーツ姿の男は、そこまで連れていってやると微笑んだ。

言われるまま男の後ろについて歩く。ところが見えてきた建物の看板には、「刑務所（PRISON）」と大きく書かれているではないか——。

わたしはなりふり構わず逃げだした。

ルールを守るより、命を守るほうが先決だ。

でっち上げの罪を着せられ、鉄格子の部屋に入れられたら一巻の終わりだ。

ナイジェリアから出国寸前に逮捕される？

ナイジェリアの首都ラゴス（当時）から近隣の国コートジボワールへ出国する際、不条理さは極みに達した。

空港の出入国審査窓口でいきなりこう告げられた。

「飛行機に乗せるわけにはいきません」

「えっ」、わたしは思わず声を張り上げた。

「違法行為の罪で逮捕します」

「……」

またいつも通りのことが始まったのか——。

説明によると、外国人が航空券を購入する場合、支払いは外貨でなければならないという。

確かにわたしは、ナイジェリア通貨でチケットを購入していた。だがそんな法律のことなど聞いたことがないし、第一、国営旅行会社の指示に従ってチケットを購入したまでだ。

食い下がるわたしに警察官は、「君と旅行社の間の問題であって、当局は一切関知しない」とつっぱねた。

「とにかく、飛行機には乗れません」

目の前が真っ暗になった。

納得できない。

どう考えても自分に非があるとは思えない。

自分は無実だ！

抗(あらが)うわたしの腕を警察官がつかまえた。ここで一悶着起こせば話がこじれるだけだ。今はとにかく身の潔白を晴らすことが先決だ。

警察官に連行されるまま小さな暗い部屋に入ると、すぐにスーツ姿の男がやってきた。空港配属の刑事だという。

わたしは改めて訴えた。すると刑事は答えた。

「逮捕状を取り寄せているところだ。裁判で罪状を明らかにしなければならん」

「逮捕、裁判……」

悪夢だ。

悪夢に違いない。

悪夢でなくて、こんな現実があってたまるものか！


時計をみると、すでに飛行機の出発時間だ。ゲートが閉鎖されてしまう。

わたしは刑事に事情を説明した。

「航空券を買ったのは国営旅行社だ。言われるまま買ったのだ。だから無実で潔白だ」

刑事は突然、何を思ったのか低い声で切りだした。

「いくら持っているんだ？」


暗闇にわずかばかり光が差し込むような気がした。

お金で解決できるなら取引したい。自由を取り戻したい——。

だが財布を開き愕然とした。

財布の中には、コカコーラが一本買える分のコインしか入っていない。それを見た刑事は表情ひとつ変えなかった。胸ポケットからわたしのパスポートなどを取り出すと机の上に投げだした。

刑事はそれを取れと顎でゼスチャーし、「行け！」と言った。

わたしは何が何だかわからないままパスポートを手にし、搭乗ゲートに向かって駆けだした。

息を切らしながら飛行機に駆け込む。

「助かった」

夢でないことを確かめようと毛布から顔を出して頬をつねってみた。頬に痛みを感じた。何度か繰り返して、ようやく深い安堵が心を満たした。

コートジボワールのアビジャンに着き、わたしはすぐに日本大使館で事情を説明した。外国人が外貨で航空券を購入しなければならない規則は確かにあるらしい。

だが**わたしが土壇場で解放されたのは運がよかったとしか言いよう**

がないという。外交官は首を傾げ言った。

「牢獄に送られていたら、出られなかったでしょう」

アマゾンでの両足骨折が人生の転機に！

アフリカから南米へ。

ブラジルに到着すると、恐怖はまたもやどこかに消えてしまった。

「生き残った」ことがわたしをさらに楽観的にさせた。

そしてアマゾン川の河口から船で川を遡ってみる計画に着手した。

南アメリカ大陸を流れるアマゾン川は、全長およそ六五〇〇キロメートルもある。日本列島がすっぽりと二つ入る長さだ。河口の川幅は五〇〇キロメートルともいわれ、東京と大阪間の距離に相当する。

わたしが乗り込んだのは、乗客と貨物を運ぶ船だ。

河口のベレンを出発し、一週間ほどかけて一五〇〇キロメートル遡った中流のマナウスへ向かう。その間、乗客は船内に吊るしたハンモックで寝泊まりしながら何日間も過ごすことになる。

川沿いの町に着くたび、荷物の積み下ろし作業が繰り返された。長時間停泊することが多く、船内にじっとしているとストレスがたまる。

旅を続けて五日目、見知らぬ町に着いたところで、我慢できなくなって港に降りてみた。

いい香りのする珍しい果物が木々になっている。かわいい女の子もいる。町の暮らしが知りたくなり一歩、また一歩と通りの奥へと進んでいく。

気がつくと出発を告げる船の汽笛が鳴り響いた。

急いで港に戻ったが、船はすでに船着場から出発しかかっていた。

やばい！

とっさの判断で船に飛び乗った。

気がつけば硬い甲板に両足を激しく打ちつけ、立ち上がることさえできない。船の乗客から肩を借り、どうにかハンモックに戻った。


足を痛めたわたしを気の毒に思ったのか、声をかけてくれた人がいた。

「安心してわしに任せなさい」

近寄ってきたのは老人だ。

彼は治療の腕に自信があると言う。藁をもつかむ思いで足を差し出した。

すると彼は、クルミをつぶす万力のようにわたしの足をはさみ、石のように硬いゲンコツで患部をゴリゴリとしごき始めた。弱々しそうな外見からは想像できないくらいの怪力の持ち主だ。

「ちょっと、待った」と悲鳴を上げたが、彼はわたしのことなどお構いなしだ。

額にはたちまち脂汗がにじんできた。老人はマッサージを終え、温かいお湯にタオルを浸して温湿布して去っていった。

しばらくすると筋骨隆々の若い男がやって来た。

「温めるなんて論外だよ。冷やさなきゃ。下手したら一生歩けなくなっちゃう」

ジムのインストラクターだという男は冷湿布を勧めた。

処置をお願いすると、彼はまるでプロレスラーのような太い腕でわたしを押さえ込み、患部に強烈な指圧を施し始めた。

「た、たのむ、それだけは……」

わたしは涙目で訴えた。

インストラクターは、両腕に大きな力こぶを作ってみせ一喝。

「君は男だろう。しっかりしなさい」

気絶寸前となりながらもどうにか耐えた。

インストラクターはマッサージを終え、冷水に浸したタオルで冷湿布して帰っていった。

次の日、老人とインストラクターがわたしの前で鉢合わせし、「患部を温めるべきか、冷やすべきか」について大声で言い争いを始めた。

その隙に逃げようとしたが、思うように体が動かない。しまいには二人に捕まり、またしてもマッサージを受ける始末だ。

そうしているうちに二日が過ぎ、船はマナウスにたどり着いた。

タクシーで日本領事館に向かい、インターフォン越しに窮状を訴える。だが思いがけない言葉が返ってきた。

「ここは病院じゃありませんよ。怪我したのはあなたの勝手でしょう」

路頭に迷い、医者を探し歩いた。

アマゾンの奥地だけあって、奇妙な民間医療がはびこっている。

火にあぶったナイフで患部を切り、流血とともに悪霊を退散させる祈祷師がいるかと思えば、トンカチで患部を乱打して治す骨接師もいる。

辛うじて転がり込んだのは、西洋医学の整形外科だった。すぐにレントゲン撮影が行われ、**「両足骨折、全治八カ月」**と診断された。

途方に暮れるわたしに対し、医者は思いがけないことを口にした。

「それにしても君、両足骨折でラッキーだったんだよ」

「……」

この期に及んでなんてことを言いだすんだ……。

「最悪」は視点を変えれば「超ラッキー」

「両足骨折」と診断した医師は続けざまに言った。

「もしもだよ、船に飛び乗った君がアマゾン川に落ちていたら、ピラニアに食い殺されていただろうさ。**両足骨折か、ピラニアか。神は君に両足骨折という幸福を恵んだのだ**」

いやはや……。これぞ南米仕込みのラテン気質というやつか。

究極のポジティブ思考だが、とてもついていけない。


現地で知り合いになった日系人を頼り、帰国するまでの間、自宅に滞在させてもらうことになった。言葉が通じ、食事や習慣なども日本風なので安心できる。

家に着くや七、八個ほどのゆで卵がザルに盛られてきた。

「骨を折った人にはゆで卵が効くんですよ」

一家の奥さんがそう言う。

そして、殻をむき始めるわたしを制した。

「ダメ、ダメ。そのまま食べるんです」

卵の殻にはカルシウムがたっぷり含まれているから捨ててはダメだという。

郷に入りては郷に従わないわけにはいかない。言われた通り卵を殻ごと口に入れた。とてもじゃないが二個目には手が伸びない。

それでもゆで卵は毎日出された。お世話になったその一家は、卵の卸売をしていたのだ。

それから二カ月後、日本に帰り、東京の順天堂大学医学部附属順天堂医院で両足の再検査を受けた。レントゲン撮影の結果、砕けたはずの骨はきれいにくっついているという。不思議がる医師に、船内で受けたマッサージと下船後に食べた卵のことを話した。

「たぶんそれらがみんないい方向に働いたんだね。奇跡的ですよ」

マッサージによって折れた骨が元通りに押し戻され、卵の殻のカルシウムで固められた。どちらも**目を覆いたくなる処置に違いないが、荒療治によって、足は何事もなかったかのようにきれいに治っていた**のである。

完治後、日本で二番目に高い南アルプスの北岳（標高三一九三メートル）に軽々と登り、骨折前よりも足が丈夫になっていることを実感した。

マナウスの医者が言った通り、**両足骨折を「超ラッキー」を呼ぶほかな**

い。

もし彼に出会わなければ、自分の体験を「最悪」とみなして、背を向けて生きていくところだった。

最悪が実は超ラッキー。

アマゾンでの両足骨折は、人生観を根底から覆した。

絶体絶命の危機から学んだ、「生」と「死」

山賊事件、野犬の襲撃、逮捕、両足骨折は、どれも忌まわしいできごとだ。

絶体絶命の淵に立たされるたび、わたしは心から「死にたくない」と願った。

何てついていないんだろうと自分を責めもした。

それでも時間の経過とともに恐怖心が薄らぎ、旅を続けた。

「死ななかったのだから、だいじょうぶ」という楽観にしがみついていたが、「次こそ自分の番に違いない」という不安にも駆り立てられていた。

そんなとき、アマゾンの両足骨折で気づかせられた。

最悪の事態を大胆にも「超ラッキー」とみなす逆転の発想だ。

ピラニアに食われることなく死なずに済んだ両足骨折を超ラッキーと言うなら、ヒマラヤやアフリカの恐怖体験はどうなるのか。

嫌というほど味わってきた絶体絶命の危険も、やはりラッキーだったことになるのか。

確かに最悪の中にもひとつだけいいことがあった。

野犬やピラニアに食われなかったことであり、犯罪に巻き込まれなかったことだ。

つまりわたしが生き残ったことである。それこそが超ラッキーなできごとだ。

生き残れるほど自分に強運があると過信するのは危険だ。だが苦い体験をしたのだから、生き残った体験の重みをもっと考えるべきだ。

それに気がついたわたしはつくづく思った。

生きていることを実感できない人生は不幸だ――。

平和な日本社会にいると、「自分が生きている」ことさえ実感できない。むしろ死が隣り合わせにあるヒマラヤやアフリカにいたほうが、生きていることを直接的に意識できた。生あることに毎日感謝できたし、過ぎゆく人生の一秒、一秒までがとても大切に思えた。何より生きる意味を自然に考えるようになった。

日本では漫然と人生が過ぎ去るだけではないか――。それでは不幸だ。この世に生きてきた意味さえ曖昧になってしまう。

外国の危険な土地で暮らそうとは思わないが、旅に出れば生きていることを実感し、幸せを手にし、この世に生まれた意味を探し出せるに違いない。

今思えば、戦後の高度経済成長時代を迎えた昭和四十年代の日本に生まれ育った者の贅沢な欲求であった。

食べることに困らず、物があふれた社会に生きるわたしは、有り余るエネルギーを外国へと向けた。満ち足りた社会にいては見失ってしまう何か大切なものを見つけようとしていたのかもしれない。

その一方で、わたしは自分の死を考えることを回避していた。日常の中では死を考えることはまずない。かといって、生きていることを意識しているわけでもない。

死を無視すればするほど、生きていることは意識の枠外に追いやられてしまう。

生きていることを思わずして「どう生きるか?」と問われても簡単に答えられるものではない。

「死ぬかもしれない」と思うからこそ「生きたい」と意識するし、「死ぬ前にこれだけはやりたい、やっておきたい」ということが二つ、三つは見えてくる。欲が湧き出し、あれもこれもと際限なく出てくるはずだ。

わたしは旅そのものに生きる意味を見つけた。

旅は死を間近に感じさせるがゆえに生を意識させ、生きている充実感が幸福をもたらす。

探検家であるわたしにとって、旅とは生きている幸福を味わうことなのだ。

第2章

勇気のスイッチをオンにしろ!

探検って何だ？

「探検」と「冒険」は混同されている。
「探険」のような混成語も世の中に存在するぐらいだ。
だが独立した言葉として存在する以上、探検と冒険は目的から大きく異なる。

冒険は危険を冒すと書く。

生死をかけて山に登ったり、極地を踏破したりするなど肉体的な限界に挑むものが多く、最近では最年少、最高齢でエベレストに登るとか、無補給で極点に立つなど記録を競うスポーツになっている。

探検は探して検証すると書く。

誰も知らない場所や現実を見つけ出すことがゴールである。本来的には肉体より知的な限界に挑むことだ。一五〜一七世紀の大航海時代は、地図の空白部を旅する探検家によって築かれた。地図が完成した現代は、探すものが多様化している。

探検家と聞いて誰を思い出すだろう。

『世界探検史』（王立地理学協会版）はマルコ・ポーロ、コロンブスやダーウィンなどの名を挙げる。

マルコ・ポーロが伝えた「ジパング」は、大航海時代につながる人々の憧れを生み出した。コロンブスのアメリカ大陸発見は世界を一変させ、ダーウィンの「進化論」は科学の常識を塗り替えた。

わたしが探検に魅力を覚えるのはそこにある。

別にアメリカ大統領にならなくてもいい。国際企業のCEO（最高経営責任者）になる必要もない。個人の旅が世界を変える。探検家は、いわば元祖インフルエンサーなのである。

では現代の探検家に何ができるか。

わたしはロビンソンや浦島太郎など物語をテーマに旅をしている。探検家らしからぬ旅を続けるのには意味がある。世間が探検家らしいと思うことをしていたら、探検家としては終わりだと思うからだ。

これは探検家に限らない。

何かの肩書を背負って立つからには、職業を新しい時代に向けて進化させる変革者にならなければならない。

現状に甘んじる者に未来はない。おそらくマルコ・ポーロら先人の旅もそれぞれの時代の中でかなり風変わりで常識外れの行動だったはずだ。


探検は今後、どう変わっていくべきか。

わたしは一般化にあると考える。

探検家というだけで孤高の存在とみなされる。だが本当は、探検はとても身近な存在なのだ。しかも多くの人が日常的に無意識のうちに行っている。

パソコンを開き、調べたいキーワードを打ち込んでクリックする。インターネット検索にエクスプローラー（探検家）と名前がついていることからも明らかなように、探検とは、好奇心に突き動かされた人間の本能的行動のことを指す。

それはどこか遠い土地に行くことではなく、知らないことを調べることが原点だ。

その気があるなら身近なところでも十分探検ができる。不思議に気づき、調べることで人生の毎日が興奮に満ちて楽しいものになる。「ネットが通じないような辺境に行け」とは言わない。発見の余地があるなら行き先は路地裏でもいい。


探検をすべての人に！

取っ付きにくさのレベルをぐっと下げ、多くの人にとって身近なものに変えていくことが新しい時代の探検のあり方だ。発見の可能性はあらゆる場所に潜んでいる。

われわれは生来、探検家なのだ。

そもそも子どものほとんどが探検家ではないか。探検を子どもの遊びとみなして、卒業していくのは大人のほうだ。

時代の流れの中で探し求めるものも多様化している。遠い、近い、日常、非日常では探検を定義できない。探検だって「安・近・短」「おひとりさま」「おうち探検」なんでもありだ。

人が手に入れられないものを手にしたい

『13歳のハローワーク』などの職業学習本には、探検家が職業として登場する。だが、「どうしたらなれるか」「いかに生計を立てるか」などの情報については極めて曖昧だ。「費用をどう工面するかが課題」などと書かれるだけで、何ら具体的な記載がない。十三歳の子どもからすれば煙に巻かれた気分だろう。

正直、わたしも探検家が職業にリストアップされていることに違和感を覚える。この世のどこを見回してみても、探検家になるための学校も資格もない。雇う企業があるわけでもない。

だがもし望むなら、探検家を職業として生きていくことは不可能ではない。選ぶだけが職業ではないからだ。

自分のやりたいことが職業リストに見つからず諦める人は多い。ないなら作ってしまえばいいではないか。

職業は選ぶものではなく、作り出すものだ。

どんな活動でもいい。ただ、職業にしたいと思ったら、二つの壁をクリアしなければならない。

「どうやってなるか」と「いかに生計を立てるか」だ。

職業は人間活動と社会との関わりの中で生まれる。自分が納得し、社会が認めるプロジェクトを成功させれば、誰もが認める探検家になれる。

とはいえ最初から気張る必要はない。**まずは自分の子ども時代を思い出してみる。**人間の興味関心はある日突然、宇宙から隕石が落ちてくるようなものではない。むしろ「それをするために生まれてきた」と思うような、子どもの頃から無意識に繰り返していることの中に潜む。


「子どもの頃から探検家に憧れていたんですか?」

よく尋ねられる。

「憧れていた」というより、わたしは今も、そのときのまま生きている。

十歳の頃の話だ。実家の近くに企業の研修施設があり、庭の池にはモリアオガエルやタイコウチなどの珍しい淡水生物が棲んでいた。手に入れたら友人に自慢できる。

人が容易に手に入れられないものを手にしてみたい――。

だが簡単なことではない。

そこは飛び越えることさえ難しい高い塀の向こうにある。しかも管理人である頭の禿げ上がった雷おやじに捕まったら最後、キツイお仕置きが待っている。

そうなると余計に誘惑を抑えきれなくなる。

わたしは仲間と作戦を練った。「丸太を高い塀に立てかけて梯子代わりにして乗り越え、池にすばやくタモ（魚などを取る網）を入れよう」と申し合わせた。

塀をどうにか乗り越え、苔むした庭園に着地。池に近づくと錦鯉が騒ぎ始めた。すばやくタモを水に差し込んだ瞬間、鯉は水面を激しく叩いて暴れた。

雷おやじが異変に気づき、ものすごい剣幕で追いかけてきた。あわてて壁に飛び移ったが、ずり落ちて捕まってしまった。おやじに激しい雷を落とされたのは言うまでもない。

誰にでもありそうな子どものいたずらだ。

だがそれは単なる思い出ではない。**立ちはだかる危険や困難、その先にある魅力的な何か。簡単には手に入らない発見を求めようとしているの**

は、今も変わらない。

もし探検の定義が「困難を乗り越えて未知の世界へ出かけ、誰も探せなかった発見をすること」なら、わたしは十歳の頃からすでにその虜だ。

高い壁や雷おやじなどの障害があるからこそ、達成感が生まれる。

子ども時代のわたしは部屋の中で読書をしたり、絵を描いたりする遊びに夢中になれなかった。

本を読めば確かに心躍る冒険ストーリーがある。想像を働かせて絵を描けば、誰も知らない異次元世界を創り出せる。だがそれは他人の考え出したお話であり、現実には存在しない空想の世界ではないか。

外に出て塀の向こうに行けば、興奮に満ちた自分だけの現実の物語がある。

怖いからこそ行きたい。そこに他人事ではない、自分のリアルがある。

他人が作り出した空想より、自分のリアルのほうがおもしろいでは

ないか。

心底おもしろいと思えることは誕生から死までついて回る。急にどこかから湧いてくるわけではない。

プレイグラウンドを世界に広げる

「どこへ行き、何を発見するか」は年齢や時代とともに変化していく。

わたしのプレイグラウンドが近所の池から世界に広がったのは、高校生のときだ。

初めて外国に行ったのは、一九八三年のアメリカだった。

中西部ミネソタ州の大草原にぽつんと建つ一家にホームステイすることになった。憧れていた外国暮らしだったが、待っていたのは干し草積みの仕事だった。

ステイ先には広大な草原があり、子どもたちは干し草を農家に売って小遣い稼ぎをする。二〇キログラムもある干し草のかたまりを一個売れば、一ドル。一〇〇個なら一〇〇ドル。一万個なら一万ドル！　アメリカンドリームはそうやって始まる。

だが実際にそれを荷台に積み上げる作業は朝から晩まで、来る日も来る日も延々と続いた。憧れは粉々に打ち砕かれた。

試練はそれだけではない。

一家の息子らはレスリングの選手で、夜になると地下室でトレーニングを始めた。誘いを断る術（すべ）のないわたしは、ベンチプレスで一〇〇キログラムを超えるバーベル上げに挑戦させられた。

干し草積みに地下室のトレーニング。疲れ果て、腹が減ってたまらない。食事は質素で、夕食がコーンフレークというありさまだ。

追い詰められたわたしは、家族が教会に出かける日曜日に脱走した。

納屋にあった自転車に乗り、ステイ先の家を飛び出したのだ。

一日中走っても広大な草原地帯が続くばかりで、隣町にさえたどり着けない。日暮れに丘の頂上から見た遠い人影は、自分自身の姿が映し出されたような干し草積みの労働者だった。

まるでお釈迦様の手のひらにいる孫悟空同然ではないか――。

矮小（わいしょう）さをしみじみと思い知らされる。敗北だ。心配して探しにきた家族の車に乗り、干し草積みの日々に戻った。

結局、アメリカに滞在した六週間で体重は一〇キログラムも落ち、別人のようになって帰国した。

「もう旅になど出るもんか」

心の中で固くそう誓った。

だが、苦い体験はボディブローのように効いてきた。それは旅の憧れに火をつけた。

わたしの人生はそのときから変わっていない。

憧れと挫折の間を行ったり来たりするだけで、同じことを繰り返している。

アメリカの広大な大地での体験が原点となり、わたしには国単位ではなく大陸を旅しようというアイディアが生まれた。

地球上には六つの大陸がある。北アメリカ、ユーラシア、アフリカ、南アメリカ、南極、オーストラリア。

六大陸をすべて旅し、自分の体験によって白い地球儀を完成させてみたい。

この世に生まれた者は、白い地球儀を手に入れる。自分の足と見聞でその地球儀を完成させるシックス・コンティネンター（六大陸制覇者）になろうとした。


だが行けば行ったで悪いこともある。後悔をするのも束の間、それはいつも新しい旅への憧れへと変わっていく。その**正と負、プラスとマイナスが大きな振り子のように動き、わたしの未来を開いていく。**

そこで得る人生観は当然、前進だけではない。

三歩進んで二歩下がる。

後退こそが次の前進のエネルギーとなる。後退を拒む者は前進を望めない。成功と失敗を繰り返すことで、新しい世界が切り開かれる。そんな人生の振り子を実感しながら人生を歩んでいる。

人が手に入れられないものを求めて、目の前の壁に挑む。

わたしは今なお、子ども時代と変わらず、その繰り返しだ。

探検家にどうしてもなりたくてなったわけではない。むしろ本能的に生きたいように生きてきただけだ。

だがやりたいことを職業にするためには経済活動に仕立て上げる必要がある。

どのようにすればいいのか――。

思い悩む日が続き、チャンスは身近に転がっていることに気づいた。

たとえわずかな実績でも自分を信じる

アマゾンで両足骨折して帰国したのは大学四年の夏だった。

同級生のほとんどが就職の内定をもらっていたが、治療を優先させなければならないわたしは就職活動どころではなかった。

就職したい会社や業種があったわけではない。

正直なところ、大学卒業後も旅を続けたいと思っていた。旅で生計を立てられないか――。

もちろん職業リストにはない。旅して一生を過ごすなんて幻想にすぎないし、それが許されるほど社会は甘くはないこともわかっている。

そんなとき、ある雑誌広告が目にとまった。

「サントリー夢大賞」応募の告知だ。

「シュリーマンのような世界をあっと驚かせるような夢を募集する」と書かれている。

ドイツの考古学者ハインリヒ・シュリーマン（一八二二―一八九〇）は、『ギリシア神話』を信じてトロイ遺跡を発見した。わたしは彼の自伝『古代への情熱』を読み、生き方に憧れていた。

誰もが架空とみなしていた神話を事実と信じ、証拠を掘り当てたすごい人だ。生きているうちに彼のような体験をしてみたいと思っていた。

雑誌広告によると、大賞受賞者には資金が提供され、応募した夢実現の後押しをしてくれる。テレビ番組化、書籍化の可能性もある。

まさに現代のシュリーマンになるためのお膳立てをしてくれるような話ではないか！

夜を徹して計画作りに没頭した。

シュリーマンのように物語の謎を解くアイディアは思いつかなかったが、サハラ砂漠を陸路で越えた経験を活かし、アフリカ大陸を水路で横断する企画を応募した。幸い一万通を超える応募の中で十一人のファイナリストに残った。

だが最終審査で落選。

記念に高級ウイスキーが贈られてきた。

同封のメッセージには「来年も大賞を継続するので酒を飲みながら夢をふくらませて欲しい」と書かれてあった。さすがは洋酒メーカーだ。

しかし、わたしにそんな余裕はない。

大学を留年して再度サントリー夢大賞に挑むわけにはいかない。

気がつけば大学卒業まであと三カ月あまり。そこでひらめいた。

サントリーに手紙を書いてみよう。

最終審査まで残ったのだから、評価されないはずはない。

夢大賞の事務局に働き口はないだろうか。掃除でも何でもする。熱い思いを長文の手紙にしたためポストに投函した。返事はすぐに来た。

「今年の採用はすでに終了しています。あなたほどのバイタリティがあれば就職先は見つかるはず……」

現実は甘くないと肩を落とした。

ところが数日後、予期せぬ電話がかかってきた。

サントリー夢大賞を運営している大手広告代理店からだ。サントリーからわたしの手紙を託されたのは、開高健のテレビ番組を手がける大物プロデューサーだった。彼がわたしに会ってみたいという。

願ってもない展開だ。

さっそくスーツを着て会社がある銀座に向かった。

面談は本番の就職面接そのもので、社長室に通され「うちで働いてみないか?」と尋ねられた。わたしは正社員として採用されることになった。卒業式まであと二カ月という土壇場だった。

人生の道の開き方は幾通りもある。たとえ落選した応募作品でも、別の方向に向ければ魅力を伝える武器になる。**わずかでも自分の実績を信じることだ。それは必ず未来への担保となる。**

晴れて一九九〇年に入社式を迎え、営業部に配属された。

配属先の部長が「ラジオを売ってこい！」と命じた。わたしは、「ラジオはどこにあるのか、家電量販店に行けばいいのか」と頭を抱えた。

まるで広告業界のことがわかっていない。

広告代理店なのだから、ラジオ番組にスポンサーをつけてくることに決まっている。

それでもわたしは、入社早々から、長期休暇をとり「南極へ行きたい」と上司に言い始めた。

やりたいことと仕事を結びつける

営業部に配属され、新規クライアントの開拓を命じられた。

企業の宣伝担当者とアポイントを取るべく、『会社四季報』の一ページ目から順に電話をかけていく。しかし、どこも飛び込み営業には冷ややかで、電話をかけても「広告・セールスお断り」と一刀両断され続けた。

部長は、いつまでたってもアポイントが取れないわたしを睨みつけた。

何かいい情報はないか。

新聞で南極探検隊がスポンサーを募っているという記事を目にした。電話をかけて社名を名乗ると、相手は「すぐにでも会いたい」と反応した。

アポが取れた！

約束の日時に営業部次長と探検隊の事務所に出かけた。ところが話はまるで噛み合わない。当たり前だ。スポンサーを募っている者同士が会ったところで、ビジネスが成立するはずもない。次長からは苦言を呈せられた。

だが、このアポをきっかけに日本極地研究振興会という団体を見つけ、週末ごとに訪れるようになる。

六大陸の旅を目指していたわたしは未踏の地、南極についてもっと知りたいと思ったのだ。迎えてくれたのは第四、第六次南極地域観測隊の越冬隊長を務めた鳥居鉄也さん（一九一八―二〇〇八）だった。

南極大陸の手前には「スクリーミング・シックスティーズ」（絶叫する南緯六〇度）と呼ばれる悪名高き海域がある。暴風雨が吹き荒れ、高さ一〇メートルをゆうに超える高潮が船に襲いかかってくる。

暴風域を抜けた先に、白夜の光あふれる南極大陸が横たわる。神秘的な青い光を放つ氷山が海に浮かび、クジラやペンギンの群れが自由に泳ぎ回る……。

鳥居さんの話を聞けば聞くほど、南極に行きたくなった。

冒険とロマンがブレンドされたような土地ではないか。


しばらくすると、日本極地研究振興会が観測隊経験者を南極クルーズ船に派遣し、ツアー客にレクチャーやガイドをすることになった。

「わたしも南極に行きたい」

鳥居さんに思いをぶつけると、手伝いとして同行することを認めてくれた。

計画では南米アルゼンチン最南端のウシュアイアから砕氷船に乗り込み、南極半島に渡るという。

参加する場合、会社から最低三週間の長期休暇をとらなくてはならない。

まずは次長に相談してみる。

「どうしても南極に行きたい」と強い思いを包み隠さず伝えた。

一緒に南極探検隊へセールスに行ってくれた次長は、わたしの思いを理解してくれたが、突然の話に会社は騒然となった。上役たちは南極行きに顔をしかめた。

だが真っ向から反対する者もいない。

何しろ南極は日常からかけ離れ過ぎている。

どんなところか具体的に知る者は一人もいないし、そもそも行ける場所なのかどうかさえ曖昧だ。しかも入社二年にもならない新人が言いだしたのだから、何もかもが想定外だったろう。

次長は、役員が集まる会議で社長に直談判してくれた。

「南極を体験した社員がいる。それだけで当社の魅力につながります」

社長は夢大賞で入社したわたしを覚えていて許可してくれた。社長のお墨つきをもらうと反対派は誰もいなくなった。

わたしは大手を振って南極大陸に出かけたのである。


南極に航海する耐氷船は特殊な構造になっていて、机や椅子は床に固定されていた。またテーブルには、物が落ちないように縁がついている。

それらが物珍しく目に映ったのは最初だけだ。

悪名高き南緯六〇度付近に来ると、一二メートルもの高潮が襲いかかってきた。まるでジェットコースターに乗り続けているかのような一晩を過ごした。

その魔境をどうにか越えたとき、無垢の自然が残る大陸が姿を現した。


「前方に巨大氷山発見」

アナウンスを聞いた乗員は、次々にゾディアック（エンジン付きゴムボート）に乗り込み、氷山へと接近していく。

A28と名づけられた氷山の大きさは、横二〇マイル（三二キロメートル）、奥行き一〇マイル（一六キロメートル）。巨大な島のような氷山から時折、氷のかたまりが崩れ落ちてくる。

静寂なはずの南極に地鳴りとも爆発音ともつかない轟音が鳴り響いた。

南極大陸に上陸したわたしを待っていたのは、人間を恐れないペンギンだった。彼らは、人間を大型のペンギンとでも思っているかのように追いかけてきた。

三週間の長期休暇から帰国すると、「なぜ高橋だけが特別扱いされるのか」と批判的な声が先輩や同僚から上がっていた。

仕事で業績を上げなければ職場の目は冷ややかになるばかりだ。

担当していたクライアントから新しいカップ麺のネーミング依頼がきた。採用されれば会社の売上アップに貢献できる。

先輩や同僚を納得させるためにも、ここは頑張りどころだ。

しかし、カップラーメンのネーミングなどもう出尽くしている。わたくしごときが頭をどんなにひねっても、ありきたりの案しか思い浮かばない。

思い悩むうち、南極で食べたカップ麺のことを思い出した。

イメージが一気にふくらみ始める。

もし謎の大陸に幻のラーメンがあったら……。

そうだ。ヌードルランドという意味の「ヌー大陸」ってのはどうだろう。

「適当すぎる」と叱られることを覚悟で提案した。

するとと「今までにないスケール感！　売り上げも大陸級を期待したい」と称賛を受け、商品化されることが決まった。新発売に合わせて制作されたテレビコマーシャルは、ヌー大陸の探検ストーリーだ。

わたしの夢想がそのまま画像になり全国放送された。思った以上の展開だ。

仕事を成功させたことで会社から評価され、南極行きも正当化された。

たぶん仕事と南極行きを切り分けていたら、このような結果にはならなかっただろう。

仕事もプライベートも自分の人生のうち。

プライベートに強い熱量があるなら、その勢いで仕事をしてみることだ。

入社当社から失敗を繰り返してきたが、ひとつうまくいった。

わたしは密かに小躍りした。

これでまた旅に行けるぞ!

一九八三年のアメリカから始まった六大陸の旅は、社会人になった一九九二年に南極とオーストラリアに出かけて完結した。実際にはヌー大陸というおまけがついたので、七大陸を制覇したことになる。

勇気のスイッチをオンにできるか

探検家には、なれる人と、なれない人がいる。

日本でも探検家の資質について質問を受けることがある。危険に遭遇しても探検を続ける勇気はどこから湧いてくるのか、という質問も受ける。

勇気とは何か。
危険や恐怖に直面するとき、逃げださずに立ち向かう力のことだ。

本来、誰にでも備わっているはずだが、そのスイッチをオンにできるか、どうかは、物事にどう取り組むかにかかっている。

ある日、何気なく訪れた東京・神田の古書店で人生の地殻変動が起きた。洋雑誌『ナショナル ジオグラフィック マガジン』（ナショジオ）を開き、衝撃が走ったのだ。ページをめくるたび、美しく迫力のある写真とともに世界の謎が解き明かされていく。

心の奥底から言い知れない感動が立ち上がった。

古書店の店先に積み上げられたナショジオをまとめ買いし、休日ごとに一冊、また一冊とバックナンバーを読み続けた。心臓が高鳴り、アドレナリンが放出される。

この興奮は何だろう。

書店で古雑誌を買い尽くしてもまだ足りない。

ボーナス全額を投じ、一〇〇〇冊に及ぶバックナンバーをアメリカの古書店から取り寄せた。

部屋の壁一面がナショジオの黄色に染まり、書棚は重みでたわんだ。

ボーナスを丸ごと投じて買ったナショジオは、中途半端な旅に出るのが無意味に思えるほど極上の旅体験だった。

魅せられた記事のひとつが、南米ペルーにある世界遺産としても有名なマチュ・ピチュの探検記だ。「老いた峰」を意味するマチュ・ピチュは標高約二四〇〇メートルの尾根に造られた天空都市で、廃墟が今も残る。まさに奇跡の地だ。

一九一一年、その発見と発掘を行ったのは、探検家のハイラム・ビンガム（一八七五―一九五六）だ。

アメリカ人宣教師家系の息子としてハワイに生まれたビンガムは、名門イェール大学に学び、世界的ジュエリー・ブランド、ティファニーの創設者チャールズ・ティファニーの孫娘と結婚、七人の子どもをもうけた。探検家として活躍し、晩年はアメリカ上院議員となる。

現代に生きるわれわれを魅了する遺跡を発見したビンガムは、世人から羨ましがられるようなロマンチックな人生を送った。

三十六歳のときにマチュ・ピチュにたどり着いた彼は、心境を次のように書いている。

わたしの息はほとんど止まらんばかりであった。

何という場所なのだろう。

ビンガムのように失われた都市を探したい！

未知の世界を発見する「探検」をしたい。わたしはそう強く願った。

可能だろうか？

これまで旅したヒマラヤ山脈、サハラ砂漠、アマゾンなどはいずれも過酷な場所だった。生きるか死ぬかの危険が待つ場所を旅するだけでなく、そこから世界を驚かせる発見を持ち帰るのは容易なことではない。

探検をする勇気がわたしにあるだろうか。

ないなら鍛えられるか。


いや、**勇気は鍛えるものではない**。

それに気づいたのは、活火山の島に通い続ける研究者と出会ったときだ。

火山がいつ噴火してもおかしくない場所になぜ行くのか?

その勇気はどこから湧いてくるのか?

わたしが投げかける質問に、研究者は「噴火したらそれはそのとき」と答えた。

死の覚悟はできている。彼は命を賭けてもやり遂げたいことに取り組んでいるのだ。

命がけで何かに取り組んでいる人は世の中にたくさんいる。
あえて生命の危険を冒すようなことではなく、それぐらいの熱量で何かに打ち込んでいる人という意味だ。職場を見渡しても何人かはいるだろう。

物事に一途に取り組む人には覚悟がある。

おそらくここ一番の局面ともなれば、命がけでも何かを成し遂げる。勇気とはそのような強さのことであり、危険や恐怖を寄せつけない気迫が備わる。

勇気は探検家に固有のものではない。それは皆が持っている。

家族や恋人などが危険な目に遭ったとき、自分の命に代えても守りたいと思うだろう。勇気はそのような局面でオンになる。

これができたら死んでもいい——。

そう思える何かを見つけて取り組んでいる人は、きっと探検家の勇気が特別なことではないことを知っているはずだ。

仕事と探検を両立させる

ビンガムのような探検をするにはどうしたらいいか。

模索を始めたわたしは、『世界探検史』（前出）の小さなコラムに目が釘付けとなった。


『ロビンソン漂流記』にモデルがいた！

ロビンソンを完全なフィクションと思い込んでいたわたしは衝撃を受けた。

子どもの頃は外遊びばかりして、「本を読め」と学校で言われても読書に魅力を感じなかった。

だが『ロビンソン漂流記』だけは例外だった。

それは無人島漂流者の冒険物語というばかりか、遊びのマニュアルにもなったからだ。夢中になったのは秘密基地作りだ。小説のロビンソンと同じく、自力で小屋を作ろうとした。


実在のロビンソンはどんな住居に暮らしていたのか。

モデルがいたと知り、好奇心に火がついた。

南米チリのロビンソン・クルーソー島に漂流したのは、アレクサンダー・セルカークという海賊で、一七〇四年から一七〇九年の四年四カ月を生き延びた。だが彼がどこで暮らしたのかは不明のままだという。

住居はすでに失われているに違いない。

せめて遺跡を見つけ出せないか──。

もし**探し出せるなら、世界中の人が知るロビンソンの住居跡ということになる。これ以上痛快でおもしろい発見はない**だろう。

『ロビンソン漂流記』は、六大陸でサバイバルを体験したわたしにとってバイブルだった。実在モデルの体験を現場から探ることで生きる力を確かめることができる。

またそれは、憧れのシュリーマンの業績と似たようなテーマでもある。

彼は誰もがフィクションとみなす『ギリシア神話』の遺跡を発見した。人々の常識を打ち破り、新発見をもたらしたという点で彼こそ探検家だ。


それまでのわたしは、旅を現実世界だけのものとみなしていた。

探検家に残されているのは、地図に空白部が残る宇宙や深海、地底にしかないと思い込んでいた。

だが視点を変えれば未踏の空白世界はまだある。

伝説や神話などの物語世界だ。

探検し尽くされつつあるアウターワールド（物質世界）に対し、インナーワールド（精神世界）は、ほぼ手つかずのまま残されていると言ってもいい。

ロビンソン物語の知られざる事実を追いかけてみようじゃないか。

だがすぐには旅を始められなかった。カップ麺の「ヌー大陸」が評価されたこともあり、会社で次々と仕事を任されるようになったからだ。

勤務は早朝から深夜まで続く。土日や祝日もお構いなしで会議や作業、イベント会場での仕事がなだれ込むように入ってきた。スケジュール表は数カ月先まで占拠され、スポンサーや上司との飲み会が連日のように割り込んでくる。寝る時間さえない。

仕事に忙殺される日々だからこそ、時間や効率を工夫するようになった。資料を電車での移動中に読み、自分のための時間を確保した。

発想を転換させ、プライベートの時間が取れないストレスから少し解放された。

いや、**何よりヒントになったのは、南米アマゾンで会った医師の名言「最悪が超ラッキー」**だった。

多忙で寝る時間さえ見つからないような仕事の日々を、人生最悪の時間と言ってしまえばそれまでだ。

だが**ポジティブに割り切ってみる**。

仕事に縛られ自由を奪われたことによって、自分がしたいことを強く意識させ、行動へと駆り立てた。

嫌な世界に放り込まれると、誰でも自分の理想の世界へ脱出を図ろうとする。どこか無人島から脱出を試みたロビンソン物語と通じる部分もある。

仕事の苦しみやストレスはわたしが生きているからこそ味わえるもので、産みの苦しみに変えることで最大の幸福に反転できる。

そこから意識改革が始まった。

仕事が忙しすぎて自分の夢が遠のいているわけではない。むしろ**会社の過酷なハードワークはロビンソンプロジェクトの一環なのだ**。

仕事とプライベートをオンとオフ、対等、対立なものとみなさない。

仕事をするのはすべてロビンソンのため。

代休や有給がたまればその分、長期の休暇が取れる。

給料だって使う暇がないから貯金は貯まる一方だ。それもプロジェクトの資金となる。アイディア次第では、ロビンソンの探検をビジネスにできるかもしれない。


最悪は自分を突き動かすバネであり、ビッグチャンスへの扉なのだ。


もちろん仕事だって全力で取り組めば報いが得られる。

広告スポンサーの顧客ばかりか、デザイナー、コピーライター、印刷会社からバイク便のデリバリースタッフにいたるまで、仕事を通じてさまざまな職種の人と出会ったが、どの世界にも誇りとこだわりを持った熱血仕事人がいた。

もちろん裏取引や汚い手口でこちらの足をすくおうとするライバルもいる。

会社勤めはサバイバルゲームそのものだ。成功をおさめてたくましく生き抜こうとする人に触発され、仕事の奥深さを知った。

しかし**どれだけ仕事をこなしても、「世界で最初にロビンソン・クルーソーの住居跡を見つけ出す」という目標を超えるおもしろさには出合えなかった。**

最初にロビンソンの探検に出かけたのは入社四年目の一九九四年だ。一カ月の休暇をもらい、南米チリへと向かった。

チリの首都サンティアゴからロビンソン・クルーソー島へは五人乗りの小型飛行機で渡る。島には珍しい植物が多く、植物のガラパゴスと呼ばれる。

国立公園に指定されている島には、当時七〇〇人ほどの住人がいた。彼らにロビンソンの住居跡について尋ねたが、返ってくるのはどれも気のない返事ばかりだ。

仕方なく自分自身がロビンソンになりきって水や食糧の確保など、生活条件から生活圏を探し出すしかない。だが茂みに入り込んだ途端、固いブラックベリーの茨に阻まれて退散を余儀なくされた。

そうこうしているうち、わたしは希少な植物を盗みにきたプラントハンターと疑われ、森林レンジャーに身柄を拘束された。

結局、手がかりは何も得られないまま帰国した。

自分の旅を一億円で売る

ロビンソンの住居跡は見つからなかった。

だが諦めきれない。

ここで自分がやめれば、いずれ誰かがやるに決まっている。

諦めれば、それまでだ。

わたしは思い詰めていた。ロビンソンの住居跡を探し出せるのは世界で一人しかいない。そのチャンスを前にして、**たった一度の失敗で諦めるなら、ほかのどんなビッグチャンスだって物にできない**だろう。

そこでロビンソンの住居跡を探した自分の体験を本にしようと思い立った。ロビンソンの実在モデルを世間の人に伝えることにだって価値があるはずだ。出版社を求めて次々と手紙を書く。三十社に企画書を送っても返事はほとんど返ってこないか、冷たくあしらわれるだけだった。

それでもめげない。会社で叩き込まれた飛び込み営業の経験から、断られることには慣れっこになっていた。

諦めた瞬間、失敗が決まる。

諦めない者の辞書には、「失敗」の文字はない。

会社の仕事で得た経験を仕事場だけにとどめておくのはもったいない。**自分が苦労して手に入れた経験に公私の線を引く必要はない。**むしろ仕事で得た技能はプライベートにこそ活用すべきだ。

二年がかりで、出版に関心を示す編集者から連絡がきた。

仕事の合間に原稿を書き、三年越しとなった一九九九年、『ロビンソン・クルーソーを探して』（新潮社）を出版した。世間の評判はよく、青少年読書感想文全国コンクール高等学校の部の課題図書に指定された。

『ロビンソン・クルーソーを探して』を刊行してすぐ、会社でも転期が訪れた。一九九九年秋から一年間、ロンドンの広告代理店に勤務することになったのだ。仕事漬けの毎日から、英国行きの切符を勝ち取った。

そこにも秘密がある。わたしには会社の有給休暇を利用し、身銭を切って磨いた外国経験や国際感覚があった。会社からすれば研修要らずだろう。**プライベートで身につけた資質を積極的に会社勤務に活かす。**

もちろん英国行きは、探検の新たな展開にとっても願ったり叶(かな)ったりの機会だ。何より英国は『ロビンソン漂流記』が誕生した本国である。

機会到来とみてロンドンの出版エージェント六十社以上に手紙を書き、自分の本の英語版の売り込みをかけた。その営業スタイルは日本の広告代理店で鍛えられたものだ。

運よく関心を示す出版エージェントが現れ、フランクフルトブックフェア（見本市）を通じてアメリカ・ニューヨークの出版社から刊行することが決まった。

ロビンソンの住居跡を探す旅は、ここからさらに加速し始める。

日本でテレビ番組化の話がもち上がったのだ。テレビ局が正式な決定を出すと、会社は番組を「買い切り」にすると手を上げた。番組買い切りとは、広告代理店一社で提供スポンサーをすべて工面することだ。

ロビンソンの番組には一億円の値がつけられた。

原作者とはいえ、一介のサラリーマンであるわたしにキックバックはない。それどころか、一社員として番組を売ってこいと命じられた。

自ら企画して出かけた旅をもとに原作本を書き、テレビ番組として売り歩く。

さらに番組にも出演する。

そんな広告代理店社員はそういないだろう。担当していたクライアントがスポンサーとなってくれるなどして、番組は即完売となった。

二〇〇一年一月。番組のロケが始まり、ロビンソン・クルーソー島に再び出かけた。

テレビカメラが島の住人にも向けられる。

かつてセルカークの住居跡について「知らぬ存ぜぬ」を決め込んでいた男が、思いもよらないことを口走った。

「山の中にあるのを知ってんだ」

「何だって?」

わたしは男に詰め寄った。話が違うじゃないか……。

その男の一言が、人生の新たなチャプターの始まりを告げた。

第3章

おもしろい方向へ進め!

迷ったらおもしろいほうを選べ

世界で最初にロビンソン・クルーソーの住居跡を見つけ出す。

そう思い続けるわたしの前に、候補となる遺跡の存在がついに明かされた。

山中でそれを見つけていた男は、テレビカメラを前についロを滑らせてしまったようだ。値千金、テレビ番組の値段と同じ一億円のコメントに等しかった。

男は遺跡についてこう言った。

「宝があるはずだ」

話がどこかズレている。

ロビンソン・クルーソーのモデルとされるセルカークが宝を持っていたはずはない。『宝島』と勘違いしていないか。

わたしは男に目的をはっきりと告げた。

「宝には興味がない。ロビンソンの住居跡を見つけたいだけなんだ」

宝を横取りされないことがわかった男は、ようやく現場に案内してくれた。

深い茂みに埋もれていたのは石積みの遺跡だった。

大きさは横七メートル、縦五メートルほどで、壁石には加工された痕跡はみられない。どれも人間が抱えて持てる大きさの自然石だ。

漂流者が石を積み上げて自力で作った住居のように見える。

セルカークの出身地スコットランドでは伝統的に住居は石造りと決まっている。そこがロビンソンの住居跡である可能性は高そうだ。

真偽のほどは発掘調査をしてみなければわからない。実現するには、準備期間を入れても一年では済まないだろう。

気がつけば人生の岐路に立っていた。

会社員を続けるか、ロビンソンに賭けるか。

思い悩むほどの問題ではない。

人生のコンパスがおもしろいと指し示す方向に進めばいい。

明日死なないという保証はない。生きている時間は有限だ。**おもしろいことを後回しにできるほど人生は長くはない。**

それは雨上がりの空にかかる虹のようなものだ。目を離しているうちにあっという間に消えてしまう。チャンスを逃したら次いつまた出合えるかわからない。

ロビンソンの住居探しは心躍る試みだ。シュリーマンのような体験をしてみたいと願っていたわたしにとって、またとない機会である。

誰もが架空の話と信じる物語にリアリティを見つけ出せるなら、シュリーマンが味わった人生最高のおもしろいを自分も体験できる。

会社か、探検か。

迷ったらおもしろいほうを選べ。
その道をどこまでも一直線に突き進めばいい。

やりたいことに資格はいらない

探検家になるのに資格はない。
世間が探検とみなす業績をあげた人こそが探検家だ。
もしロビンソンの住居跡を探し出せば、世界が認める探検家になれるに違いない。
だが歴史に名を残す探検家の多くが行っていることがあった。
ニューヨークの探検家クラブの旗を持って旅に出ることだ。

一九〇四年に創立された探検家クラブには輝かしい栄光がある。
人類最初の北極点到達を成し遂げたピアリー（一九〇九年）、南極点到達をしたアムンゼン（一九一一年）、エベレストに初登頂したヒラリー（一九五三年）、深海一万メートル到達を成し遂げたピカール（一九六〇年）、そして人類初の月面到着で知られるアームストロング（一九六九年）。

それらは探検家クラブのフェイマス・ファースト（有名な人類初の偉業）として称えられている。探検家クラブに所属する彼らは、全員が探検家クラブの旗を持ち偉業を達成している。

日本でも植村直己が北極点犬ぞり遠征をした際、クラブの旗を持って出かけた。

そんなレジェンドたちと同じくクラブが認めた探検プロジェクトには、今でも旗が貸与されている。

特に貸与という点にこだわりがある。旗をもらうのではなく借り受け、その旗を代々使い継いでいく。それこそが探検家の伝統なのだ。

探検家クラブの旗を持って旅に出る探検家は、探検家クラブに所属する、いわば世界が認める探検家だ。

探検はアイディアと許可、資金等があれば個人的に実現可能だ。

だが「これぞ」という大きなアイディアがあるなら、探検家クラブの旗を持って出かけたい。**舞台は小さいより大きいほうがいい。**首尾よく成功を収めたら、歴史に名を刻むチャンスだ。

探検の殿堂、探検家クラブに入会するにはどうしたらいいか。

「タランチュラを食べられないとダメですか?」

そんな質問が本部に寄せられるらしいが、毒グモを消化できる胃袋は不要だ。入会は会員二人の推薦と本部での審査により決められる。

わたしを推薦してくれたのは、日本極地研究振興会の鳥居鉄也さんと、ボーイスカウト運動の推進に貢献した吉田宏さん(一九一三—二〇〇九)だ。

二人は植村直己を探検家クラブに入会させた推薦人でもあった。彼が晩年の夢としていた南極行を支えていたのが鳥居さん、ナショナル ジオグラフィック協会に売り込んだのが吉田さんであった。

二人から推薦をもらい探検家クラブに入会したわたしは、ロビンソンの探検をクラブ旗が与えられるような、歴史的プロジェクトに作り上げようと思った。わたしを推薦してくれた彼らへの恩返しにもなる。

完ぺきな準備ができる人に失敗はない

探検家と名乗れば、一年のほとんどを遠い外国に行ったままと思われる。だが現実は一八〇度違う。

ひとつのプロジェクトを氷山に例えるなら、旅はまさに氷山の一角だ。水中に沈んでいるそれ以外の九割は図書館に通ったり、人に会ったり、どちらかといえば遅々として進まないことにため息をついていることが多い。

だがその**基礎がしっかり構築できていないと発見には結び付かない。**

ロビンソンの住居跡を探す――。

見るべき本や論文はすべて見なければならない。

生活拠点がある秋田の図書館から国会図書館まで。本を見るために海外へも。『ロビンソン漂流記』とモデルのセルカークが英国出身であることから、関係する資料の大部分は英国にある。

蔵書数一億七〇〇〇冊を超える大英図書館には貴重書も多く、面接を受けて許可された者のみが閲覧できる。研究の内容と探求書が大英図書館にしかないという二点を示せなければ利用カードが発行されない。

わたしは何度か面接で落とされるという苦い体験の後、ようやく入館資格を手にした。

大英図書館では、「ロビンソン」「セルカーク」「漂流」などのキーワードで検索をかけ、約三五〇〇冊もの関連書がヒットした。

それらをすべて閲覧し、セルカークの住居跡に関する記述があるかないかを確認する。名作のモデルになった漂流者に関心を寄せた人は多く、膨大な情報が残されていた。

読み続けるうち、図書館に集められた本同士が会話を交わしているかのような錯覚に陥った。

一冊の本は、多くの参考文献をもとに書かれている。時代を隔て、互いに会ったこともないはずの著者たちが議論を交わす。静かなはずの図書館は、本をめくると案外、騒がしい場所だ。

セルカークについて書いている本をすべて見てわかった。

ほとんどの著者が島に行っていない。

多くは先人が書いたものを引用し、紹介しているだけのコピペのような情報ばかりだ。

手がかりのない毎日が続く。

だがそれは落胆すべきことでも、失敗でもなかった。いや、むしろ情報が何もないことを自分の目で確かめたことで、絶対的な自信を手に入れた。

何カ月もかかって大英図書館で手にした成果は、**「セルカークの住居跡は手付かず」**という結論だったからだ。

調べ尽くした人に失敗はない。

チリの図書館でも関連書を調べ尽くし、情報があるか、ないかを確かめた。「ない」という確かな情報を得たことで、大きなチャンスをつかんでいると確信した。

勉強する意味も実はそこにある。勉強の本当の目的は新しい知識を学ぶことではなく、誰も知らないことが何かを知ることにある。

「誰も知らない」をつかめ。

それは新発見の入り口だ。

そこから人間の知識の限界を押し上げられる。人類が未だ知らないことを知ることこそ、探検家が真に手に入れなければならない情報なのだ。

わたしが探検の現場であるチリのロビンソン・クルーソー島に渡ったとき、もはや迷いはなかった。

体づくりの基本は呼吸法

現場に行かなければ発見ができない。

探検家が肉体を鍛えるのは、あくまでも自分の体で現地に行き、発見を持ち帰るためだ。

とはいえ手ぶらで行っては何も発見できないし、記録も残らない。

探検行の荷物は重い。

パソコン、カメラ、予備バッテリー、充電器、さらに本や地図などの資料類も加わりバックパックはあっという間に満杯になってしまう。背負うだけでは足りず、胸にもバックパックを抱え、ダブルパック姿という奇妙な風体で歩き回る。

平均的な重量は二〇キログラムぐらいになろうか。

現実の探検家の姿は相当格好悪いし、何より重い。

旅先でも資料は次々と増えていく。

荷物が重くなることは成果が上がっている証だ。

かつて増えすぎた荷物を段ボールにまとめ、日本へ船便で郵送したことがあった。

だが荷物の代わりに、「輸送中に船が沈没」と書かれた手紙が届いた。

紛失や盗難のリスクがある以上、どんなに重くなっても荷物はいつも身につけておかなければならない。

荷物が多いときに限って、不運が襲いかかる。

まだ会社勤めをしていた一九九七年の厳冬期にロシアのサハリン島を訪れたときの

ことだ。

早朝の列車に乗るためタクシーを予約しておいたが、いくら待ってもやって来ない。ホテルのスタッフを起こして事情を伝えようとしても言葉がうまく通じない。

しかたなく重い荷物を背負い、約二キロ離れた無人駅まで走り始めた。外は氷点下二〇度まで冷え込み、地面がつるつるに凍結している。氷上でバランスを崩して何度も転倒した。息を切らし、大汗をかきながらプラットフォームにいた列車に駆け込み、何とか事なきを得た。

その経験から、重いバックパックを背負って一日中歩けるようにしておくのがトレーニングの目標になった。

荷物を背負い三十分ぐらい走り続けられる足腰と体力を維持することも重要だ。

トレーニングで一番効果的なのは山に登ることだ。

山歩きは体力を養うばかりか、方向感覚、天候やクマの接近を察知する観察能力、判断力、さらに季節や自然美を前にしたときの感受性など右脳を刺激する。学校や職場で働かせる左脳の思考力とは別の能力を鍛えることができる。

山を歩くうちに、呼吸法を鍛えるメリットに気づいた。体力があっても、息が上がり身体が動かなくなることは多い。そこで毎日五キロの道のりを歩くことにした。

漫然と歩くのではなく、呼吸を鍛える歩き方をする。**足を一歩、踏み出すごとに息を吐き、七歩ほどで肺を空っぽにする。さらに一歩ごとに息を吸い続け、同じく七歩で肺を満たす。**

肺を空っぽにするまで息を吐ききることが肝心だ。それにより酸素をしっかりと身体に取り込み、二酸化炭素を排出できる。

人間の呼吸は「酸素を吸い二酸化炭素を吐いている」と思われているが、実際に吐き出している息は酸素が多いという。

運動時に息が上がるのは、身体が酸素を欲するためだ。酸素を身体に取り込むためには、二酸化炭素を吐き出さなければならない。

プールで泳ぐことも呼吸法のトレーニングになる。水中で息を吐ききることで、息継ぎの一呼吸で酸素を効果的に取り込む呼吸ができる。

呼吸法はそれ以外でも重要だ。

寒いときには、呼吸を普段よりも多く深めにして体を燃焼させる。あるいは暑くて眠れないような熱帯夜などには、息の量を減らし体の燃焼を抑える。

呼吸法にこだわると、取り込んだ酸素を全身に行き渡らせ体力を長続きできるようになる。

正しい姿勢も重要だ。

姿勢が悪いと、毛細血管のレベルから血の巡りが悪くなる。

そのデメリットに気づくまで、姿勢のことなど気にしたことがなかった。

悪い姿勢は自分で自分の寿命を縮めているのと同じだ。姿勢を正せば血が滞留することなく体の隅々まで酸素が行き渡る。

探検をするためのトレーニングをしてたどり着いたのは呼吸法であり、血流に対する意識であり、姿勢を正すことだった。実に簡単、基本的だが、意識しないとそれすら疎かになる。

基礎体力とは心臓の鼓動、一呼吸、一呼吸の積み重ねから生み出される。

人間は生まれたときは白紙

ロビンソンの住居跡の有力候補とみられる遺跡を見つけた以上、発掘調査をぜひやりたい。

会社を辞め、片道切符でチリの首都サンティアゴにやって来た。

国立公園であるロビンソン・クルーソー島で発掘調査を行うには、許可が必要になる。以前、わたしをプラントハンターと疑った国営森林局のマウリシオ・カルデロンさんが一番の理解者になってくれた。

人間関係とは不思議なものだ。

「雨降って地固まる」ほうが、頼れる仲間ができる。

わたしは彼といっしょに環境省の事務所に出かけた。

「ロビンソンの住居跡を明らかにするチャンスです」

胸を張って話すわたしの英語を、マウリシオが通訳して役人に伝える。

役人はわたしに質問をした。

「あなたは考古学者ですか？」

「いえ」

「じゃあ、大学の研究者とか？」

「探検家です」

「探検家ねえ……」

「プロジェクトの資金はどこが出すんですか？」

「どうにかします」

「どういうこと？　ところでスペイン語を話せるの？」

「……」

何ひとつ満足に答えられない。

それ以後、役人はわたしに会おうとはしなくなった。

学術調査隊を率いるには、専門的な知識やスキルが求められる。考古学者と組んでプロジェクトを立ち上げ、チリ政府から許可をもらい、資金も集めなければならない。

だが役人が関心を示すどころか、逆に疑いの目で見られてしまうとは……。一日、一日が虚しく過ぎていく。すべてがフェードアウトしていきそうだ。なぜこんな壁にぶち当たってしまったのか。自分自身を振り返る。

ロビンソンプロジェクトを成功させるべく、自信満々でチリに来た。二十代に世界六大陸を旅し、在職中はロンドンで一年間の海外勤務も体験した。その実績が自信と楽観を植えつけた。

ところがここにきて無力感に苛まれる。

過去の栄光は現在を照らしはしても、未来まで届かない。むしろ自信が足かせとなってしまう。

宿のベッドに仰向けになって考えた。

英国の哲学者ジョン・ロックは言う。

「タブラ・ラーサ」（人間は生まれたときは白紙である）

人間は自分の経験で人生を切り開き、彩っていくという意味だ。

わたしは体験主義者だ。これまでにも自分の見聞や体験を生きる指針としてきた。他人の教訓やノウハウは他人の人生であり、価値観であり、対岸に咲く花にすぎない。

ただし**経験は取扱注意**である。

自分の血肉として未来を切り開く力になる一方、慢心すれば落とし穴にもなる。あくまでも経験を力に変えなければ意味がない。過去の成果ではなく、未来の困難を乗り切る知恵だ。

わたしは考古学者ではないし、大学研究者の肩書も持たない。

ここで自分にないものを求めても先へは進めない。

プロジェクト資金にしても広告代理店にいた経験と知恵を傾けて何とかするつもりだが、チリの役人にはわたしの過去の実績など絵に描いた餅同然に映るだろう。


では、今できることは何か。

役人が最後に質問した「スペイン語」についてはどうだろうか。

今ここでわたしは真剣にスペイン語を学ぼうとしているか。

不満や不安を抱えたまま宿にこもりきりとなり、現地人と触れ合おうとさえしていない。そんな姿勢や態度で現地の人から信頼を得られるだろうか。

今できることはそこからだ。

わたしは世界を巡る旅の中から、外国語についてのシンプルな教訓を学んでいた。

「言葉をひとつ覚えれば、友だちが一人できる」

積極的に町を歩き、人と交流しよう。

やがて、マウリシオの自宅に招待され夕食をともにするようになった。

チリでは人が集まるとバーベキューをする。牛を丸ごと一頭焼くことさえあるという。食べきれないほどのステーキに舌鼓を打つわたしの耳に隣の人の声が届いた。

「バカ」「バカ」「バカ」

肉を食い過ぎて馬鹿になったとでも言うのか？

別の人が言う。

「リコ」「リコ」

利口？

どうやらスペイン語では牛のことを「バカ」、美味しいを「リコ」と言うらしい。

わたしも「バカだ」「リコだ」と騒ぎながら、人の輪に入っていった。

耳に入る単語を覚え、人と交わるうちに少しずつ現地の人に受け入れられるようになった。知り合ったチリの考古学者二人にマウリシオを加えた探検隊を結成し、再び環境省の役人を訪れた。

片言のスペイン語を必死で口にしようとするわたしに、役人は前向きな返事をくれた。

「環境アセスメントの結果と資金的なメドが立つなら、検討のテーブルに載せてもいいでしょう」

環境アセスメントとは、発掘を行う予定地の自然環境を調査し、希少な植物などに影響がないかを確かめることだ。何人かの専門家を連れて現地に入り、何日もかけて調査を行わなければならない。

自分が立ち上げるプロジェクトなのだから、貯金を切り崩し自費で行わねばならない。もし資金が底をつけばゲームオーバーとなる。

だが、ここで足踏みしてはいられない。

ようやくプロジェクト実現への足がかりを得たのだ。ここは投資だ。

お金は使うためにある。
今動かずしてビッグチャンスは訪れない。

探検を始めると、お金は湯水のように消えていく。だからこそ生産を生み出すような消費をしなければならない。

探検家であるわたしに、貯金するほど経済的なゆとりはない。消費をどう投資に変えるかを考える。投資とはある意味、賭けであり、勝負勘や思い切りが必要だ。

環境アセスメントの専門家四人とともに、ロビンソン・クルーソー島へ渡った。ところが遺跡を見て愕然とした。

周囲の草木がなぎ倒され、石積みの壁が露出しているではないか。

「誰がこんなことを！」

島では、トレジャーハンターが海賊の宝探しプロジェクトを始めていた。

やばい！　ぼやぼやしていたら先を越されてしまう。

信頼を得たいなら、「コンフィデント（自信）」を示せ

ロビンソン・クルーソー島で調査を終え、一路、アメリカの首都ワシントンDCに飛んだ。目的はプロジェクト資金の獲得にある。

ロビンソンの住居跡探しをナショナル ジオグラフィック協会（ナショジオ協会）に売り込もうと思ったのだ。

『ロビンソン漂流記』は世界中に読者がいる。

世界各地で探検を推進するナショジオ協会こそ、支援団体にふさわしいはずだ。

とはいえ、自分にとっても雲をつかむような話だ。

探検の殿堂であるナショジオ協会から支援をもらえるのは、ほんのひと握りの人に

限られる。プロジェクトを持ち込むのは、高名な探検家や博士号を有する研究者ばかりだ。

探検家として実績がなく、無名の東洋人にすぎないわたしには超狭き門である。**ただし自分には武器があった。広告代理店に十三年いた経験である。**しかも英国勤務まで経験した。東京とロンドンで叩き込まれた営業とプレゼンテーションの基本は、他人から絶対的な信頼を勝ち得ることだった。形のない広告を売り込む点は探検も同じはずである。

幸いにも手元には自著『ロビンソン・クルーソーを探して』がある。苦労して刊行した英訳本は、ロビンソンの住居跡探しに十年以上前から取り組んできたことを保証してくれる。

プレゼンでは、コミュニケーションは短く、よりパワフルでなければならない。わたしは、「調査に十年かけ、ついにロビンソンの住居跡発見のチャンスをつかんだ」ことを伝えた。

期待感がうまく噛み合い、協会幹部二人との面接にこぎつけた。

雑誌副編集長で探検を総括するピーター・ミラー氏と探検審議会のレベッカ・マーティン氏だ。

「なぜ今なんでしょう？　今やる意味はどこにあるんですか？」

レベッカさんからいきなり厳しい質問が飛んできた。

欧米流のプレゼンテーションでは想定内の質問だ。

欧米人は「なぜ」を繰り返し問い、理詰めで考える。そして喫緊（きっきん）の問題かどうかでふるいにかける。出鼻を挫（くじ）かれると、次の重要な質問は投げかけられない。

わたしは淀みなく答えた。

「来年がセルカーク漂流の三百年に当たるからです」

「それは知らなかった」

ミラーさんはいいことを聞いたというような表情を浮かべた。

周年事業は洋の東西を問わずキラーコンテンツになる。今回の探検とタイミングが重なったのは偶然だったが、わたしはそこに強い縁を感じていた。

早くも第一関門を突破。だが安心は禁物だ。

ミラーさんから意地悪な質問が来た。

「今、やらなければどうなりますか？」

「今回を逃せば次は五百周年でしょう。われわれ三人は歴史的なチャンスを失うことになりますね」

わたしは肩をすくめ、おどけた表情で答えた。

幹部の二人から笑みがこぼれた。第二関門クリア。笑いや笑みを誘い、場が和めばもうこちらのペースだ。

和んだ不意をついてミラーさんはこう質問してきた。

「本当に見つかるんですか？」

いよいよ来た！　決断のための最後の質問だ。

わたしは彼の目を正面に見て、きっぱりと答えた。
「間違いありません」
「自信ある？」
レベッカさんの念押しにもきっぱりと答えた。
「あとは地面を掘るだけです」

プレゼン勝利の法則はコンフィデント（Confident）、つまり「自信」だ。

幹部との面接ともなれば、もはやアイディアの斬新さや説得性などの基本要件は問われない。どれだけ自信があるかが測られる。

わざわざ泥舟に乗りたくないのは誰しも同じだ。**欧米では揺るぎない自信こそ相手の信頼を勝ち得る絶対的条件**なのだ。

わたしは高揚感と充実感が入り交じったような気分で会議室を後にした。

その数カ月後、審査手続きを経てナショジオ協会からロビンソンプロジェクトへの支援が発表された。わたしは協会の探検隊を率いるリーダーとなり、ロビンソン・クルーソー島に派遣されることになった。

探検家として実績がなくても、ロビンソンの住居跡を発見できる自信なら大いに示せる。図書館では資料を調べ尽くした。島にはもう四度行っている。プレゼンテクニックも広告代理店での経験が活かせた。

新しい世界に羽ばたこうとするとき、頼りになるのは自分の過去の経験だ。

人間には生きてきた分だけ知恵がある。知恵は成功よりも、失敗から創り出される。

これだけ成功してきたんだというより、これだけダメ出しを食らってきたというほうが自分に胆力を与える。腹が据わり、ちょっとやそっとのことでは物事に動じなくなる。試行錯誤や挫折ばかりではない。

波乱のない平凡で単調な毎日であっても、何かしらの経験をしている。積み重なっていく体験に捨てるものはひとつとしてないのだ。

ナショジオ協会の支援と、チリ政府から正式な許可を受け取ったわたしに、探検家クラブから旗が届けられた。

ロビンソンの探検に出る旗には第六〇番と番号がついていた。それまでに南極やボルネオ、ブータン、ボリビアなどを探検してきたという。

二〇〇五年一月。ついに運命のプロジェクトが始まった。

あと少しの粘りが世界的な発見を生んだ!

発掘調査は、チリのメンバー三人と英国から参加した考古学者にわたしを加えた五人。さらに現地で雇ったアルバイト二人を含め七人で行った。期間は約一カ月だ。

石積み遺跡の発掘が始まり、すぐにショッキングな事実が判明する。出土した屋根瓦やレンガから、遺跡はセルカークのものではないとわかった。希望を粉々に打ち砕く現実に、思わず目を覆った。

だが諦めきれない部分もある。出土した屋根瓦やレンガの製造年代は、セルカークの時代よりも後のものだ。つまり追い求める時代の地層は、地中のもっと奥深いところに埋もれているはずなのだ。

先を急ごうとしても思い通りにはいかない。

雨が降る日は動けない。チリ人はシエスタ（昼寝の時間）を要求した。日本人の悪い癖で土日も休みなしで働こうとすると、考古学者らもいい顔をしない。

発掘作業は考えていたより地味な仕事だ。土を少しずつ掘り返し、ふるいにかけて出土物を回収する。

深さ二メートル近くまで来ると遺物が出なくなり、チリの考古学者は「もう掘り進めるのはやめよう」と言い始めた。

「せめて二メートルまで」

わたしは食い下がった。

だがそろそろ打ち切りにせざるを得ない。

ナショジオの幹部らの顔が脳裏をかすめる。あれほど自信を示したのに、こんな状態ではとても彼らに合わせる顔がない。


ところが調査日程の終了間際、掘っていた地面の色が黒く変色し始めた。

「炭だ。たき火跡だ」

メンバーの間に興奮が走る。

たき火跡の周囲には地面に立てた柱穴跡も見つかった。たき火を中心に作られた掘っ建て小屋のような遺跡が明らかとなった。

驚くべき発見は続く。たき火跡付近の土砂の中から、青い小さな遺物が見つかった。

「ピン先だ」

分析の結果、わずか一六ミリメートルのピン先は航海道具のディバイダーと判明した。ディバイダーは海図上で距離を測る航海道具だ。出土したのはその折れた針先だったのだ。

セルカークが上陸時にディバイダーを持っていた記録がある。

たき火跡に残された炭を年代分析したところ、時代もピタリと合致した。

セルカークの所持品と見られるディバイダーの出土。

たき火と小屋の痕跡。

もはや疑いようはない。

ついにロビンソン・クルーソーの住居跡を発見したのだ！

わたしは震える手を一六ミリのピン先に伸ばし、探し求めていた歴史にタッチした。

気がつけばすでに十三年の歳月が流れている。島にやって来たのは、これが五度目の夏だ。

ロビンソンが立っていた場所に立ち、足が震えた。
自分の情熱や努力だけではない。
それを認めてくれた土地神への感謝の念が湧き起こった。
探検とは、発見とは、こんな遭遇のことをいうのだ。シュリーマンが成し遂げた奇跡、マチュ・ピチュを発見したビンガムが味わった興奮。それらは土地神と心を通じ合わせるような陶酔だった。

探検とは土地神に会いにいくこと。発見とは土地の大切な魂と触れ合うこと。

ロビンソンの住居跡を発見したわたしは、探検家クラブの旗を遺跡の前に高らかに掲げた。

北極点、南極点、エベレスト頂上、さらには月面まで。最初に到達したクラブ旗は、ロビンソンの島でも風になびいたのである。

第4章

妄想から始める!

妄想がおもしろいものを引き寄せる原点になる

探検はいつも妄想から始まる。

「もし実話だったら……」

ロビンソンに続いて追跡した浦島太郎、サンタクロースも、初めはすべてそんな妄想だった。

空想の翼が大きく広がるテーマほど伸び代がある。

子どもの頃から気になっていることは、大人になっても心に深く根を張っているものだ。現実を確かめることなく、「作りごと」とか「フィクション」とレッテルを貼ってしまっていることが何と多いことか。

発見のチャンスはそこここに転がっている。

探検をロビンソンから、浦島太郎やサンタクロースへと展開することで、自分が何をやりたいか具体的な形が見えてきた。

おもしろいと思うことを三つやれば、そこに自分ワールドの舞台ができる。

ロビンソンと浦島太郎の「点」が結びついて「線」となり、サンタクロースの第三点目が加わることで「面」ができる。

活動テーマとする「物語を旅する」はそこから生まれた。

おもしろいことを職業にする場合、独自の世界を作り上げ、マトリックスを広げていくしかない。

そして社会と関わる以上、人々が興味関心を持つテーマを選ぶことも大切だ。テーマ選びにも成功を引き寄せる条件がある。

・誰もが知っていること（有名）
・社会に夢や希望を与える（共感）
・現実的であること（失敗しない）

この三点は、広告代理店在職中に叩き込まれたものだ。タレント選びや広告制作に不可欠とされる条件だが、どんな活動にも応用可能である。

特に注意を払ったのは、結果を出せるテーマを選ぶこと。

探検はあくまで現実世界で発見を求めなければならない。どんなに有名で人々をハッピーにさせる物語であっても、現実に旅ができなければ探検にならない。

物語はもとになった実際のできごとがはっきりしているものと、はっきりしていないものとに分かれる。

実在モデルがはっきりしている物語を選べば「やってはみたものの架空の存在だった」というような失敗は避けられる。検証可能なテーマなら、必ず現実の中で答えにたどり着ける。

新しく始めることは世間から理解されにくい。それゆえ、誰もが知っているテーマと、社会に好まれるものを徹底的に吟味して優先順位をつける必要がある。

その点でロビンソン、浦島太郎、サンタクロースはいずれも申し分ない。

世界共通の夢ともいえるそれらには漠然とした人々の欲求の吹き溜まりになっている。ビジネスチャンスはもちろん、人生を変えるビッグチャンスも潜む。


社会に受け入れられるように客観的な検証を繰り返せば、妄想からだって成功を生み出せる。

本当か嘘か迷ったら、信じることから始める

昔話『浦島太郎』を実話と思う人は、ほぼいない。

だからこそ、浦島伝説の追跡にこだわった。

最初に向かったのが、浦島太郎と縁が深い京都の丹後半島である。

最古の浦島伝説は『日本書紀』『丹後国風土記』などに書かれ、主人公は浦島太郎

ではなく浦嶋子といった。嶋子といっても女性ではない。名前の「子」は聖徳太子のように男性につけられる尊称だ。

丹後半島で生まれ育った彼は、海に出て大ガメを釣り上げた。

それは亀姫の化身で、二人は恋に落ち蓬莱へと出かけていく。三年を過ごし故郷に戻ってみると三百年もの月日がたっていた。

浦島は亀姫から「開けてはならぬ」と言われた玉手箱を開けるのだ。

大筋の流れは、わたしたちが知る『浦島太郎』と似ている。

史実をもとにした話なのだろうか――。

物語を信じるところから始める。

信じようとしない者に扉が開かれるはずがない。

どんなに荒唐無稽（こうとうむけい）のレッテルを貼られていても、まずは信じてみること。開かずの扉にも見えない引き手が隠されていることがある。

『日本書紀』に記されたからには、何か種があったはずだ。

古代日本の邪馬台国について記した『魏志倭人伝（ぎしわじんでん）』によれば、日本には「シマコ」と呼ばれる官名があったという。もしかしたら「浦嶋子」は人物名ではなく、丹後の海域を治めた官吏の呼び名だったのかもしれない。

浦島太郎となった人物が存在した可能性が浮上する。

だが現存する資料からは、それ以上追跡できない。


ならば今度は物語に登場するカメからアプローチしてみる。

浦島のウミガメは何ガメか？

絵本で浦島のカメを何度も見てきたはずだが、ウミガメの種類を考えてみようと思ったことはなかった。

浦島をフィクションとみなすと、頭はそこで思考停止してしまう。

幸いなことに、室町期のものとされる浦島伝説最古の絵「浦嶋明神縁起」（国重文）にウミガメが描かれていた。それを生物学者に見せれば、誰も手を染めたことがない化学反応が起きるのではないか。

日本近海にはアカウミガメ、アオウミガメ、タイマイ、オサガメ、ヒメウミガメの五種類が回遊している。

絵を見た生物学者によって、描かれた形や大きさからアオウミガメと判明した。

浦島のウミガメはアオウミガメだった！

「日本初の発見に違いない」とひとり興奮する。

生物学者はカメの甲羅に発信器を取り付け、位置情報からカメの回遊ルートを調査しているという。

それを知り、ひらめいた。

丹後の海に来たアオウミガメに発信機を付けて追跡すれば、龍宮を探し出せるかもしれない。最新テクノロジーを活用し、今から千三百年も前の伝説のリアリティに挑みたい。

知的冒険から、真の探検が始まる。

同調してくれた生物学者とコラボが実現し、追跡行が始まった。

大海原を進むウミガメの背中から発せられる電波は宇宙に届き、気象衛星NOAAがキャッチする。それをもとに現在地が解析されるという仕組みだ。

漁師の網にかかった体長六〇センチメートルほどのアオウミガメに発信器を装着して放流すると、カメは時速二キロメートルのゆっくりとした速度で丹後から西に進み、中国大陸に接岸した。

龍宮のありかを解き明かすヒントは、そこに潜んでいるに違いない——。

手にする仮説がまた次の旅を生み出す。

疑ってばかりいては何事も始まらない。人が「ありえない」ということを、ただ鵜呑みにしているだけかもしれない。そんな問いを自らにぶつけ、周囲を見回してみる。

疑う者にドラマは生まれない。信じる者にのみ物語が与えられる。そして、誰も味わったことがない自分だけの人生物語が始まる。

糸口は人と人の数珠繋ぎで見つける

サンタクロースにもモデルがいた。紀元四世紀頃の聖ニコラウスだ。トルコには彼が建てた教会が残っているという。

トルコに行こうにも知り合いはいない。こういうときは周りの知人に聞いてみる。小さな繋がりが世界を広げる。

身近な知人が駐日トルコ大使ウナイドゥン閣下と知り合いだと知るや紹介してもらい、トルコ大使館を訪ねた。イスラム教徒が大多数を占めるトルコで、古代キリスト教の聖人を追跡する試みに賛同をもらえるかどうかはわからない。

到着するなり大使は、わたしに熱い視線を向けた。

「大いにやるべきです」

大使はサンタクロースがトルコ人だったことを、もっと世の中の人に伝えたいと思っていたらしい。

ニーズあるところに協力者あり。

大使はトルコのアンタルヤ博物館に連絡を取り、現地で行う調査に協力するよう働きかけてくれた。トルコ語すらわからない者にとって、現地の遺跡や歴史に精通した学芸員の協力は願ってもないものだ。

一国を代表する大使の口利きともなれば百人力だ。


地中海を望むトルコ南部のアンタルヤに到着し、学芸員と合流した。彼は博物館の展示品を指さしながら驚きの事実を伝えた。

「こちらがサンタクロースの骨です。顎の一部です」

サンタクロースの遺骨だって！

その情報に食いついた。骨を調べれば、きっとサンタの実像がわかるはずだ。やはり太っていたのか？　髭を蓄えていたのか？

聖ニコラウスの遺体が安置されたのはデムレにある聖ニコラウス教会と知り、車で向かうことになった。早朝に出発するため、学芸員の家に宿泊させてもらう。

「今晩はトルコ料理でおもてなしといこうか」

寝床に食事までつけてくれるとは至れり尽くせりだ。期待をふくらませるわたしに、彼がボソボソと耳元でボヤいた。

「材料を買い出しに行きたいところなんだけど、あいにく給料前で……」

「食材費ぐらいは持ちますよ」

わたしは胸を叩いて請け負った。

ところがスーパーに到着するや、彼は買い物カゴに次々と食材を詰め込み始めた。何種類ものチーズやヨーグルト、肉に野菜、スナック菓子、コカコーラの巨大ビンを三本……。

レジで請求金額に目玉が飛び出しそうになった。もてなしに便乗して、彼は給料日までの食料を一気に買い込んだに違いない。

まあ、サンタの骨という貴重な情報をくれたのだから、よしとしよう。

聖ニコラウスが建立した教会は、十字軍の進攻で破壊されていた。

教会の人によれば、彼の石棺は今も教会内のどこかに残っているらしい。だが遺骨はイタリア南部のバーリに持ち去られたと教えてくれた。

手がかりを求めトルコからイタリアへ。

バーリのサン・ニコラ聖堂に納められた遺骨は、柵に覆われた石室に安置され、近づくことさえできなかった。

ここまで来たからには手ぶらでは帰れない。現地の国立図書館で手にした聖ニコラウス遺骨調査報告書の中に衝撃的な事実を見つけた。

聖ニコラウスの身長は一六七センチメートル。推定死亡年齢七十歳という。生前の姿は細身で、髭の長さまではわからないが、残された歯に虫歯が見つかった。

虫歯のサンタだって！

現在のサンタクロースのイメージとは似つかわしくないが、すべてはこの現実から始まったのだ。聖ニコラウスは施しを行い貧者の命を救ったばかりか、船乗りの守護神とみなされた。それがプレゼントを持って世界中を旅する聖者の原型になった。

サンタクロース追跡は、知人からトルコ大使、学芸員と人を次々と紹介してもらい、訪ね歩く旅となった。**探検は目に見える世界ばかりか、人と人を結ぶネットワーク世界に及ぶ。むしろ新しい発見のチャンスはその目に見えない世界にある。**

わたしが思い通りに旅をすることができたのは、トルコ大使の「大いにやるべき」という言葉に秘密がある。

探検には資金が要るが、お金で解決できないこともある。

資金が潤沢に集まったとしても、情熱を共有してくれるガイドや通訳を雇えるとは限らない。

むしろ関心を示してくれる人々が無償で差し伸べてくれる救いの手こそ、旅の困難な局面で助けになる。

見知らぬ誰かと同じ夢をシェアするとき、その人が知人を紹介してくれることがある。そこから味方を増やしていく。

人との出会いは、その人と繋がる人脈に結び付くことでもある。

世界で勝負する

現実にあった何かが芽を出し、花を咲かせ、果実となったものが物語だ。

架空と思われる物語にも、探せばきっと種が見つかる。

それを探れば、人々がなぜ現実の種を物語という果実にまで育てようとしたのかがわかる。代々受け継がれてきた物語は、「そうあって欲しい」と願った人がいた現実を教える。

国民的な昔話や世界文学などは万人共通の夢であり、人間が追い求める普遍の理想なのだ。

例えば浦島太郎やサンタクロースを追跡しながら、千数百年以上も語り継がれてきた不思議を思った。

絵本やテレビがない時代に、親はなぜ浦島太郎やサンタクロースを子どもに伝えようとしたのか。

単に「おもしろいから」という答えでは説明がつかない。

それらは無意識のうちに現代まで伝えられ、おそらくこの先も途絶えることはないだろう。もしタイムマシンで千年先の未来に行き、様変わりした社会に戸惑ったとしても、浦島太郎やサンタを知っている人に会えば、お互いがどこかで繋がっていることを確かめ合えるはずだ。

物語は心から心へと伝わっていく。

人間の肉体的な特徴がＤＮＡによって親から子に伝えられるように、物語は人間の精神を過去から未来へ伝えるものに違いない。

人間の心を継ぐ、心のＤＮＡだ。

物語を探検するのは、物語に潜む心の遺伝子の存在に気づき、それを発見したいと願うからだ。

生身の平凡な人間というだけでは、時空を超えた民衆の意識や記憶に残る存在とはなりにくい。物語の主人公となって初めて普遍性を手に入れ、人々の心に浸透していく。

例えば『古事記』や『日本書紀』には実在した天皇と在位期間中のできごとが記録される。その一方、八岐大蛇（やまたのおろち）や因幡（いなば）の白兎（しろうさぎ）のような伝説も存在する。

歴史学者は伝説を切り捨てる。だがそれらの伝説も、記紀という歴史書の一部なのだ。八岐大蛇や因幡の白兎は後世に伝え残すべき重大なできごとを印象深く、記憶に残るようにデフォルメしたものではないか。むしろより重大な歴史的事件だったとみるべきだ。

未だ多くの物語が未検証のまま放置されている。

そこに物語の沃野を見つけた。探検すべき地図の空白部のような領域だ。

「物語を旅する」というテーマを独自に築き、物語の未踏地へ。

ロビンソン、浦島太郎、サンタクロースを旅するわたしに対し、「異色の探検家」と言葉が浴びせられた。一般人が思い描く探検家のイメージからはかけ離れているためだろう。

日本には、わたしと同じように旅をする探検家はいない。

だが世界には手強いライバルがいる。

『シンドバッド』や『白鯨』などの物語や文学をモチーフに旅をする英国の探検家、

ティム・セヴェリン氏もそのひとりだ。

英国で彼の講演を聞いた後、持参していた日本語版の『ロビンソン・クルーソーを探して』を手渡し「自分も物語をテーマに旅をしている」と自己紹介したことがある。

日本語が読めなくても、タイトルは英語で書かれていたので名刺がわりになるだろうと考えたのだ。

数週間後、彼から「会いたい」と連絡があった。

そこで思いもよらない事実を告げられた。

「わたしもロビンソンを追跡しているんですよ」

だが彼はそれ以上、手の内を明らかにしようとはしなかった。

それから二年後の二〇〇二年、わたしは『ロビンソン・クルーソーを探して』の英訳本出版にこぎつけた。

米紙「ワシントンポスト」に書かれた書評を見て驚倒（きょうとう）した。

偶然にもティム・セヴェリン氏の新刊と時期が重なり、彼が書くロビンソンの探検記とわたしの本が並べて比較されていたのだ。

セヴェリン氏の本のタイトルはわたしと同じ『ロビンソン・クルーソーを探して』（"In Search of Robinson Crusoe"）ではないか！

探検家として生きることの厳しさを胸に刻んだ。

ライバルは自分の夢や希望に向かう思いをさらに堅固なものにする。根性と気合を与えてくれる。

ライバルは世界にいる。世界で勝負しよう。

「紆余曲折」は苦しむものではなく楽しむもの

探検のアイディアが具体的な旅のプランになるまでには時間がかかる。

ロビンソンや浦島太郎が実在したら……。

そんな妄想に対し、様々な事実や情報を集め、状況証拠として成り立つかどうかを検証する。仮説が生まれたらプロジェクト化可能だ。

特に浦島太郎やサンタクロースのような架空とみなされるテーマの場合、より確度の高い情報を手に入れ、状況証拠を徹底的に洗い出すことが不可欠だ。

サンタクロース関連の本を調べていたら、トルコに実在したモデル、「聖ニコラウスの家の遺跡がある」との記述を見つけた。写真も掲載されている。ロビンソンの住居跡を発見したわたしは、その情報に飛びついた。

詳しい話を聞きたいと、資料の執筆者に連絡を取った。だが何ら根拠はないという。さらに聖ニコラウスの家についても調べたことがないという。

書籍に書かれていることを鵜呑みにはできない。気になることは自分で確認を取らなければならない。根拠がないまま書かれていることは多いからだ。

そんな一進一退を続けていると、二、三年ぐらいはあっという間に過ぎてしまう。

ひとつのプロジェクトを完成させるのに十年はかかる。何事に対してもそう腹をくくっている。

もちろん十年間、毎日それに打ち込むわけではない。調査を進め、壁に当たったら放ったらかしておく。意識の片隅に置いておくぐらいでいい。時間がたつうち、前途に道が見えてくることがある。誰かが手がかりをくれるかもしれないし、何かの本でヒントを見つけるかもしれない。

短期間では気づけないことが、時間の蓄積の中で見えてくることはよくある。

探検はプロセスを楽しむことだ。

ゴールは発見という宝を手に入れることだが、宝を手に入れた瞬間、それまでの緊張や興奮、試練がなくなる。**探検の醍醐味は、試練と紆余曲折を味わうことにある。**

十年も悠長に構えていられるのは、物事が思い通りに進まないことを知っているからだ。十年かけてロビンソンの大発見にたどり着く経験もした。

だからこそプロジェクトをいくつも打ち立て、同時進行で動かしていく。ロビンソンに取り組みながら、浦島やサンタ、そのほか気になることに次々と手を染める。仮説がすぐにまとまることは少ないからだ。

もちろん選ぶテーマに共通性などなくていい。

自分が好きなものを好きなように進める。人生の選択はそれしかない。

嫌いなものなら三日続けるのだって苦痛でしかないだろう。好きだからこそ十年だって二十年だって意識の片隅に置いておける。

時間の経過の中で、プロジェクト同士が水面下で繋がっていることを知ることもある。

ロビンソンと浦島のプロジェクトを同時に進めていたとき、無人島に漂流したロビンソンが帰国したときの心境を考えた。それは浦島太郎のようなものだと納得した。ロビンソンと浦島を同時進行させていた不思議な縁を感じた。

選ぶテーマは、心の奥底から望むものでなければならない。つまりそれは自分を映し出す鏡のようなものなのだ。

自ら動かない者に誰も手を差し伸べない

探検家について多くの人から寄せられる質問のひとつにお金の問題がある。どうやって生計を立てているのか――。

現実は自転車操業以外の何物でもない。本の出版や講演会など、探検で得た知恵を社会に還元することで幾ばくかの収入を得ている。

確かにそれだけでは経済が成り立たない。探検の支出の多くは旅費が占める。旅行と言えば、多くの人にとって個人的な余暇であり、贅沢な消費のはずだ。探検を職業とするからには、それを生産に変えなければならない。

趣味を仕事にする人がクリアしなければならない壁は、消費を生産に変えることだ。

誰かがわたしと同じような旅をしたいと思うなら、そこにニーズが生じ、マーケット価値が生まれる。

幸いなことに、力を貸してくれる人もいた。会社を辞めた後、広告代理店時代の仲間が出版社やスポンサーに売り込んでくれた。

「グリーンランドに行ってもらえますか?」

探検家としてわたしが最初に受けたオファーは、雑誌『自遊人』の企画でグリーンランドに行くことだった。

旅行会社が主催する海外ツアーを体験し、魅力を伝えるという仕事だ。グリーンランドを皮切りに、チベット、エチオピア、イースター島、オーストラリア、ギアナ高地など世界各地の秘境を次々と巡って記事を書く。

秘境ツアーを販売する旅行会社が期待するのは、探検家の解説や視点によって旅先の絶景に付加価値が付くことだ。

わたしはグリーンランドで植村直己を、エチオピアでインディ・ジョーンズを追跡し、イースター島ではモアイになった探検家の背景を追いながら、現地を旅する新視点を提案した。

二年に及んだ雑誌連載が終わる頃、新しい仕事のオファーがあった。

某企業のホームページで掲載する紀行の依頼だ。世界文学と日本の昔話の中から物語を選び、現場を訪ねながら地球規模で環境のことを考えるというものだ。

「宝島」「桃太郎」「ロストワールド」「失われた地平線」の背景を訪ね、太平洋の島々から南米、中国、日本各地を旅した。

社会のニーズに応えながら、自分のやりたいことに結びつく道を模索する。

そのスタイルを学んだのは会社勤めからだ。

サラリーマンを続けながら、南極に行ったり、ロビンソン探検をした経験が原点だ。広告代理店勤務の経験は、探検をビジネス化するための実務研修になった。

サラリーマン体験を、好きなことを始めるためのＯＪＴ研修と割り切ってみてもいいかもしれない。

会社を、給料を稼ぐ以上の場にできるか、どうか。

それは働き方だけではない。そこで出会った仲間の存在も大きい。

会社を辞めた後、独り立ちできたのは、広告代理店時代の仲間が仕掛けてくれた仕事のおかげだ。

探検家になることより、あり続けることのほうが何倍も難しい。

使えるものをすべて使い、他力だって頼りながらどうにか繋げていくしかない。力を貸してくれる仲間がいるなら、何事だって職業として成立する。

だが**他力本願を期待できるのは、自分が歯を食いしばって立ち上が**

り、前に向かって歩こうとするからである。
自ら動かない者に、誰も手を差し伸べてはくれない。

本当に大切なことは人生に一度しか起こらない

探検では人との出会いばかりか、訪れる土地とも特別の遭遇をする。繰り返し訪れる土地がある一方、訪れることのない場所もある。

エジプトでピラミッドに行きたいと思っていたが、ほかに見るべきものや調べることが次々に出てきて、ついぞ行けなかった。

ピラミッドに行かせない力が働いていたのではないかと思えたほどだ。次の機会が用意されているのかもしれないと思い直し、エジプトを後にした。

土地と人には見えない絆がある。

それを感じさせた神秘的な体験は、アメリカのニューメキシコ州で起きた。アルバカーキの西側にあるペトログリフ国定公園に出かけた二〇〇四年のことだ。そこには先住民プエブロ族が描いた岩絵がたくさん残っている。

狩猟の場面、儀式、出産、神、太陽、天体、大地……。象形的な線刻画が岩のあちこちに描かれていた。

心が次第に高揚していく。

岩絵は神話的な存在だ。豊かな伝説を語り継ぐプエブロ族は物語の一場面を岩絵として刻んだのではないか。

いつしか一人の警備員が近づいてきた。

「時間ですよ」

すでに太陽は西の空に傾いている。閉園時間を忘れて岩絵を見続けていた。指示に従い出口に向かうと、警備員がわたしを引き留めた。

「岩絵が好きなんだね」

彼は出口と反対方向にある岩壁を指さして言った。

「あそこをのぞいてみな。特別な儀式の場所だよ」

岩壁に小さな穴が口を開いていた。頭を突っ込み、懐中電灯で暗い内部を照らしてみる。

思わず息を呑んだ。

煤（すす）で真っ黒に塗られた岩穴の内部には、無数の星が描かれていた。宇宙だ。岩穴が宇宙につながっているかのようだ。

なぜこのようなものが作られたのか。

プエブロ族の創世神話によれば、原初の世界には大地の母グレートマザーがいた。太陽に象徴される男性神が誕生し、プエブロ族の祖先は現在の世界に移されたという。

そんな神話のモチーフから岩穴の意味が読み解ける。

人間や動物など、この世のすべては漆黒の宇宙を象徴する岩穴から、太陽が照りつける外の世界に生まれ出た。岩穴はグレートマザーの胎内でもあろう。

穴の外に描かれている無数の岩絵はそこから生まれ出た人間や動物の営み、そういった神羅万象の痕跡なのかもしれない。

岩絵はひとつひとつが伝説を象ったものであり、岩穴の宇宙と繋がり民族全体の神話を形作っているのかもしれない。だとすれば、その場所はプエブロ族の精神の核心部だ。創世神話を体験する儀式の場だったのかもしれない。

わたしは文字化された物語をもとに旅してきたが、言葉のない岩絵のようなイメージからも神話を掘り起こし、秘められたメッセージを読み解いてみたいと願った。

自分にできるかどうかもわからない。

だが物語とは起承転結のあるモチーフであるばかりか、遠い祖先から届く心のDNAだ。それは岩に描かれた一枚の絵にだって宿っているはずだ。

深い感動を覚え、岩穴を教えてくれた警備員にお礼をしようと振り向いた。

ところが彼の姿はどこにもない。

公園のビジターセンターで尋ねてみると、警備員は巡回していないという。岩穴に誘ってくれたのは誰だったのか――。

もはや確かめようもない。

機会があれば岩穴をもう一度訪れたい。もう二度と行き着けないかもしれないし、少なくとも同じ体験や感じ方はできないだろう。

本当に大切なことは人生に一度しか起こらない。

一期一会と言われるような人と人の出会いに似たような関係が、人と土地にもある。

成功が未来への足かせになる

物語と物語は繋がっている。

『ロビンソン漂流記』を追跡していたとき、いつの間にか『宝島』の世界に迷い込むような体験をした。

ロビンソンの住居跡を探していた二〇〇四年頃、島ではトレジャーハンターが発掘調査を行っていた。

「薔薇の岩から東へ〇歩、サソリの岩から南へ〇歩」

トレジャーハンターは海賊が残したとされるそんな暗号文を根拠に、島の北部にあるロビンソンの洞窟付近に大穴を開けてしまった。わたしが掘ろうと思っている内陸部の石積み遺跡も破壊されてしまうかもしれない。

不安に苛まれ、いたたまれなかった。

現に石積み遺跡の発掘を始め、盗掘された痕跡を見つけた。

宝を探している人は、昔から絶えなかった。幸運なことにロビンソンの住居跡は地面から二メートルほどの地中にあったため、盗掘の手を逃れたのだ。

ところがロビンソンの住居を発見した後の二〇〇五年。別のグループが海賊の財宝のありかを見つけたと発表した。

彼らは金属探知機を使い、八〇〇トンもの財宝（一兆一〇〇〇億円相当）が眠る場所を特定したという。地元はもとより日本でもその報道に騒然となったが、結果的に発掘は行われず、話は有耶無耶（うやむや）のまま終わった。

ロビンソン追跡を終え、わたしは吸い寄せられるように『宝島』の謎解きに挑戦した。

『宝島』には、セルカークをモデルにしたとされる漂流者ベン・ガンが登場する。

追跡するからには、実在したモデルの島を見つけ出したい。財宝が残されているなら一層スリリングだ。

『宝島』の中で海賊はこう歌う。

死人の箱にゃ　十五人　ヨーホーホー
おまけにラムが一瓶と

その歌は暗号のようになっている。

「死人の箱」がプエルトリコ沖のイスラ・カハ・デ・ムエルトス（死人の箱島）であると知り、出かけた。

密林で見つけたのは、フリーメイソンのマークが刻まれた石碑だった。彼らが財宝を回収した証として残していったものなのだろうか。謎が謎を呼ぶ。

わたしは二〇〇六年から二〇〇八年にかけて宝島のモデルを探し、カリブ海のキューバ、ヴァージン諸島、スティーブンソンの故郷スコットランドから太平洋のハワイ、タヒチ、彼が眠るサモアの墓まで旅を続けた。

だが候補が絞り込めるどころか広がっていく一方だ。

そしてついに壁にぶつかった。

これまでロビンソンからサンタクロースまで、追跡をすれば何らかの答えが引き出せた。「物語を旅する」わたしは、あらゆる物語を旅し、リアリティにたどり着けるはずと信じていた。

だが思うようにうまくいかない。

問題は過去の成功にあった。いつの間にか自意識過剰となり、過去の成功を未来の自分にノルマとして課してしまっていたのだ。

成功は未来に向かう自分にとって足かせになる。成功の兜、過信の鎧を脱ぎ捨てない者は、前途に立ちはだかる別次元の壁を乗り越えることはできない。

未来へ向かうためには過去のやり方を捨て去ることだ。

そういうわたしにとっても、自分をスクラップ・アンド・ビルドすることは今なお容易ではない。

新しいテーマに取り組むたびに何度となく挫折しそうになる。

だが、それはそれでいい。

壁をいちいち失敗とみなさない。

本当の失敗は、何かを諦めた瞬間に下される審判だ。壁がきたら、放ったらかしにしておけばいいのだ。

諦めない者の辞書に、「失敗」の文字はない。


壁と停滞に阻まれ続けわかってきたことがある。

多くの場合、過去の成功事例や方法にしがみついている。

過去に安住する者は、その牢に入ったまま未来へは進めない。

ときには脱線してみる

アイヌ神話に登場する小人のコロポックルを調べていたときだ。

江戸時代の探検家・間宮林蔵（一七七五—一八四四）が、アイヌや北方民族について克明な記録を残していることを知った。間宮林蔵といえば、サハリン島と大陸を隔てる間宮海峡を発見し、世界地図に名前を刻んだことで知られる。

初めは資料として利用するだけのつもりだったが、いつしか林蔵の旅に魅せられた。

一体彼はどんな世界を探検し、世界地図に名前が載るほどの偉業を達成したのか——。

彼は歴史上の人物であり、物語とは無縁だ。「物語を旅する」からすれば明らかな脱線だ。それでも同じ日本に生まれた探検家として、彼の足跡をどうしてもたどってみたかった。


二〇〇六年十月。ロシア極東のハバロフスクから船に乗り、アムール川を下っていく。船長でもある考古学者との旅は困難を極めた。

船はエンジンの調子が悪く、すぐにエンストした。現地ではガソリン入手が困難でたびたびガス欠の憂き目をみた。われわれは通りかかる船を呼び止め、その船長をウオッカでもてなして機嫌取りをしてはガソリンを分けてもらうという始末だ。

だが事態は悪い方向へ転がり、ついに船のエンジンが動かなくなった。われわれは川が幾つも枝分かれする湿地帯に取り残されてしまった。

何よりの心配事は、飲料水が底をつきかけていたことだ。

「湿地帯で水を汲んできてくれ」

船の修理に忙しい船長の指示に従い、わたしは沼地に出かけた。

川の水を直接飲むのは衛生上、危険だが、沼地のきれいな水を煮沸すれば可能だという。わたしは水たまりに足をとられ危うく底無し沼に吸い込まれるところだったが、辛うじて水を確保した。

河岸ではキツネなどの野生動物がわれわれの様子を見ていた。われわれは蜘蛛(くも)の糸にかかった獲物同然なのだ。

茂みの中で用を足していると、どこからか二、三匹の野犬が現れた。

サハラ砂漠で忌まわしい体験をしたように、わたしにとって野犬は不吉な存在だ。

背後から尻を齧られるかもしれない。野犬は尻ではなく排泄物に駆け寄り、争うようにして食べ始めた。まるで自分自身が食われる光景を目にするようで背筋が凍りつく。

早く脱出しなければならない。

持っていた衛星携帯電話で助けを求めようにも応答がない。

期待できないとみた船長は船を筏のようにして、下流の集落に流れ着く大胆な作戦を口にした。成功率は五〇／五〇と言うが、そんなにうまくいくとは思えない。最悪の場合、船ごと沈没し水死してしまうだろう。

作戦開始の寸前になって、運良く衛星携帯電話が通じた。船長の知り合いを通じて、救出船を送ってもらえることになった。

やって来た船に乗り移る際、滑りやすい甲板に足を取られ、足の指を挫いた。

アマゾンでの嫌な体験が意識をよぎる。

わたしにとって船に飛び乗ることもこの上なく不吉なことだ。それでもどうにか命ばかりは助かった——。

林蔵の追跡は、彼の人生の物語世界をたどることであった。

それは苦しい旅だったが、自分の人生の物語がパラレルに重なり、不思議な一体感さえ覚えた。


間宮林蔵を知れば知るほど、その存在は謎に満ちている。

日本の探検家として教科書に出てくる存在でありながら、晩年は隠密とみなされるなど謎のヴェールに覆われている。彼は結婚をすることも子どもを持つこともなく、危険な仕事に生涯を捧げたという生涯独身説もある。

ところがその通説とは異なる事実があることを知った。北海道の郷土史家によれば、間宮林蔵には現地のアイヌ妻がいたらしい。

彼の独身説は、結婚を認めたくない人やイデオロギーにより生み出された伝説だったのかもしれない。

そこに歴史の死角を見つけた。

秘匿すべき事実は伝説で彩られ、語り継がれる――。

伝説は、すべてがありえないフィクションというばかりではない。

実在人物でさえ、多彩な伝説で彩られている。

卑弥呼、天草四郎、石川五右衛門……あるいは怨霊で恐れられる平将門やチンギス・ハーンになったとされる源義経までいる。信長、秀吉、家康もしかり。

歴史上の人物が放つ伝説の光と闇の何と魅惑的なことか。

いや、歴史上の人物だって残された資料はごく一部だ。根拠のない噂や伝説として切り捨てられた中に、歴史の新事実を探る鍵が隠されているに違いない。

発想が一八〇度転換した。

フィクションのリアリティを探るだけが「物語を旅する」ではない。実在した人物の伝説を旅すれば歴史の闇に光を当てられる。

間宮林蔵の追跡は、探検にパラダイムシフト（大転換）をもたらした。

ときには大きく脱線してみるのもいい。

いや、人生に遠回りなどないのかもしれない。


追跡すべき物語ばかりか、謎めいた歴史ミステリーは無数に存在する。物語から歴史まで。探検すべき超大陸がついに姿を現した。ここから探検の第二フェーズが始まる。


だが人生の一寸先は闇だ。

突然わたしは探検家を辞めねばならないような現実に直面した。追い求め始めた楽園はいつの間にか姿を消し、地獄にすり変わった。

まるで白日に終わりがきて、闇夜が訪れるように。

第5章

人は物語と生きている

わたしが結婚をしたのは、ロビンソンの住居跡を発見した年だ。

妻は外国を旅したことがない。

旅の危険性を知ったからだろうか。結納返しに叉鬼山刀（またぎながさ）を贈ってくれた。秋田で伝統的にクマ狩りをしてきたマタギが肌身離さず身につける八寸（二四センチメートル）の剣ナタだ。

フクロナガサとも呼ばれるように、柄が空洞になっており、棒に差し込んで槍としてクマと戦う。実際にクマとやり合った経験はないが、山に入るときにはお守りとして心強い存在だ。叉鬼山刀を結納返しに選ぶ人にはそう出会えない。

結婚から三年後の二〇〇八年、妻は悪性腫瘍と診断され手術を受けた。

「生存率」や「余命」という言葉が重くのしかかり、探検どころではなくなった。

アマゾン両足骨折の体験から、**視点を変えればどんな最悪の事態でも最高にラッキーなことに変えられる**と学んだ。死を思うことは生きることでもあると感得した。

だが**それはあくまで自分自身が死の恐怖に打ち勝つためのマインドコントロールでしかなく、家族を失う不安や恐怖、落ち込みに対してはまるで役立たない。**

人生は予測不可能だ。

妻の看病を続けていたわたしの体も変調をきたし始めた。

間宮林蔵を追っていたシベリアで船に乗り移ったときに捻挫した足の骨が、盛り上がってきた。レントゲン写真を確かめた町医者は「自分の手に負えない」と言い、特定機能病院の整形外科に紹介状を書いた。

そこは奇しくも妻が通っている病院の同じ診療科だった。

足を診た医師は骨の腫瘍を疑った。良性か悪性かはすぐに判断できない。仮にもし悪性なら足を失うことになるかもしれない。探検家を続けられないどころか、あと数年しか生きられないかもしれない。自分の身にまさかそんな運命が迫ってこようとは……。

事態は何とも複雑だ。すでに悪性と判断されている妻の病気が再発すれば、もう先は長くない。妻と別れ、さらに自分までこの世を去る旅支度を始めることになるかもしれない。

未来がこれほど暗く、重く、尻込みしたくなるほど絶望に満ちた世界とは想像したこともなかった。どう前に進めばいいというのか。

わたしを救ったのは物語だった。

これまで物語を追いかけ、あることに気がついた。**物語は本の中だけの存在ではない。有名無名関係なく、人間は誰でも物語を持っている。**

わたしは自分の物語を信じた。

幾度となく生命の危険を乗り越えてきた自分の人生は、ここで終わりになどならない――。

直面する困難を乗り越えた先に、新しいチャプターがきっと続いているはずだ。

人生の物語とは、過去のできごとではない。

それは未来を創造し、切り開くドラマなのだ。

人間は、未来に物語を当てはめて生きようとする。

難しいことに挑戦するとき、イメージトレーニングをするように、成功する自分を強く思い描くことで、困難を乗り越えられる。その夢想こそ、未来に当てはめる物語の一場面だ。

ハッピーエンドの物語こそが人間に無限の力を与える。

なぜ人は映画やドラマを見るのか。

観劇に出かけ、小説を読むのか。

単なる趣味や余暇のためではなく、もっと現実的でパワフルな理由がある。

物語を求めるのは、自分の未来に当てはめるべき人生のモチーフを探すためだ。

お手本となる物語は、空想やフィクションであっても一向に構わない。

歴史上の偉人だけが、人生の見本になるわけではない。犯罪者を追う刑事にとって事実かウソかは大問題になるが、人生にとっては、物語の良し悪しこそが問題なのだ。**自分にとってよりよき物語こそが人生最良のシナリオになる。**


人は誰しも物語と生きている。


苦しいときにこそ、お気に入りの成功ストーリーを積極的に自分の未来に当てはめよう。もし切り抜けられたら、そこから自分の成功物語が誕生し、現代の英雄伝説やシンデレラストーリーとなる。

オリジナルの人生神話を確立した人は永遠を手に入れる。


探検家の物語を続けるためにわたしが求めたのは、旅だった。

医師に相談すると、足の状態は経過観察中ということもあり、足に負担がかからなければ旅に出てもいいという。

「今を生きねばならない」

悔いのない今を生きていきさえすれば、それで十分満足ではないか。いつどんなことが起ころうと後悔はない。

探検家でいられるのは今だけだ。

いや、これまでだって探検家でいられたのは、探検をしていたときだけだ。

本当に死が迫ってくるのなら、やりたいことを後回しになどできない。この世に生まれ、これをやったと誇れるものに取り組もう。

決死の覚悟で向かったのは絶海の無人島だった。

人生には、そのときにしかできないことがある

東京の南約五八〇キロメートルに位置する無人島、伊豆鳥島へ行ったのは二〇一〇年六月だ。

付近の海域は暴風と高潮で悪名高く、命を落とす船乗りは後を絶たない。たどり着くまでも大変だが、上陸してもいいことはない。

そこは活火山の島で噴火すれば逃げ場がなく即死だ。しかも川や地下水はなく、食料も容易には見つからない。まさに生き地獄そのものだ。

そんな過酷な環境の中で、雨水を舐めては渇きを癒し、貝や海藻、アホウドリを口にしながら最長で二十年間も生き延びた男たちがいた。

江戸時代の漂流民だ。

島で四カ月を過ごし、アメリカ船に救出されたジョン万次郎（一八二七―一八九

八）もその一人だが、全体で百人を数える彼らのほとんどは、世に名前を知られることもない。

そんな壮絶な人間ドラマから、日本版『ロビンソン漂流記』と言うべき小説が三つも生まれた。

『ジョン万次郎漂流記』（井伏鱒二）、『漂流』（織田作之助）、『漂流』（吉村昭）だ。中でも吉村昭が書いた『漂流』の主人公、野村長平（一七六二？―一八二一）は、日本のロビンソン・クルーソーと言われる。

伊豆鳥島で十二年四カ月を生き延びた長平は、不幸にも仲間と死に別れて孤独の身となった。

それでも長平は希望を失わず、新たにやって来た漂流者らと力を合わせて島を脱出しようと決意した。

だが舟を作ろうにも、木が生えない島では流れ着く流木だけが頼りだ。十分な道具を持たない彼らは、沈没船の碇を海底から引き揚げ、溶かして鉄塊に戻した。それを打ち直して釘ばかりか、金槌などの大工道具まで作った。

船が完成したときには七年もの歳月が流れ、その間に命を落とした仲間もいた。長平らは、故郷に戻れぬまま野たれ死にした仲間の遺骨を拾った。また見知らぬ漂流者たちの遺骨をも拾い、完成した船に積み込んだ。

彼は出発間際、「船は浮いた、乗れい！」と霊魂に呼びかけた。

自分の命を繋ぎとめるだけで精一杯の状況にありながら、長平は死者の霊魂まで救い出そうとしたのだ。

いや、それればかりではない。彼は洞窟で見つけた生活具に助けられたことを思い出し、使っていた鍋や釜などを残し、未来の不幸な漂流者に救いの手を差し伸べた。

同じ日本人として、彼らを歴史の忘却の中に置き去りにはできない。

その崇高な精神を救済したい。

探検家にだってできることはあるはずだ。

彼らが身を寄せた洞窟を探し出せないだろうか。

それは鳥島漂流民たちの命の象徴だ。鳥島で何代にもわたって漂流者を救った、まさに命を繋ぐ洞窟なのだ。

鳥島は、島そのものが国の天然記念物に指定されている。棲息するアホウドリも特別天然記念物に指定され、絶滅が危ぶまれている。そのため勝手に上陸することはできない。

そんなとき、鳥島の火山調査に通っている地球物理学者の存在を知った。彼の論文を読み、鳥島についてもっと知りたいと思った。アホウドリ保護活動に従事する山階鳥類研究所と連携して、鳥島に関わっているという。

彼に手紙を書き、火山調査で島を歩いた経験を教えて欲しいし、その情報をもとに漂流民のことを考えてみたいと伝えた。

誰かに会いたいときは、手紙を書いてみる。

手紙には、自分の思いを書き過ぎないことが大切だ。熱い思いは大切だが、自分の希望を聞いてもらうために出かけるのではない。話を聞くために出かけていくのだから。

研究室を訪ね、やりとりを続けるうち、彼はわたしの思いを理解してくれた。そして助手として現地に同行できることになった。

八丈島から船に乗り二十四時間がかりで絶海の孤島が見えてきた。母船からゴムボートを出し、波が穏やかなタイミングを見て上陸する。

古地図を頼りに現場を歩く。

鳥島は、一九〇二（明治三十五）年と一九三九（昭和十四）年に大噴火を起こしている。水蒸気爆発で地面は吹っ飛び、流れ出した溶岩流の下敷きとなって過去の痕跡はことごとく失われているようだ。

だが溶岩流が辛うじて外れた丘に洞窟が残っていた。入り口の前には石垣が残る。資料に見える漂流民の洞窟の様子と合致している。

真偽のほどは発掘してみなければわからない。

鳥島から戻り、すぐに行動を起こした。

考古学者とチームを組んで発掘調査プロジェクトを立ち上げた。もし洞窟に漂流民の生活痕を発見できるなら、彼らの奮闘を現代に蘇らせることができる。

なぜわたしは、無人島で命を落とした無名の漂流者の痕跡を探し出そうとするのか。

足の悪性腫瘍を疑われたことで、わたしは「今を生きよう」と思った。人生に残された時間がわずかであるなら、これが最後の探検となるかもしれない。意識に立ち上がったのは、同じような思いを抱いて今を生きた鳥島漂流民だった。ロビンソンや浦島太郎を追いかけていた頃、鳥島漂流民にまでは意識が向かなかった。それを自分がやらなければならないと強く決意したのは、鳥島漂流民の気持ちを理解できそうなほど追い詰められていたからだ。

探検には人生が投影される。人生には、そのときにしかできないことがある。

無人島で生き延びた漂流者の真摯で一途な生き方を探り、そこから自分が生きる糧を見つけ、この世に生まれた意味を考えたいと願った。

自分が何をすべきか。迷う人は多い。

考え迷っている暇などない。

今の自分が抱えている課題に向かってすぐに歩き出すべきだ。

今、自分がしたいことを始める。それが正しい道かどうかは、歩き出さなければわからない。間違ったら軌道修正すればいい。

今やりたいことだからこそ強いモチベーションが働く。

ところがわたしの調査計画は、担当する役所から検討されることもなく却下された。理由を尋ねると、「前例がないからです」という答えが返ってきた。

「前例がないからこそ、行う価値があると思います」

そう主張したが、役人は一刀両断した。

「やったところで探検になってしまう」

人生に過去も未来もいらない。現在だけあれば十分

気がつけば、わたしも漂流者になっていた。

漂流民の洞窟に置き去りにされてしまったも同然だ。

ミイラ取りがミイラになるとは、こういうことを言うのだろう。

鳥島探検を決意したのは、足に異変が見つかり人生の限界を意識し、「今を生きる」という一途な思いが芽生えたためだ。

鳥島の洞窟の中に身を寄せていた彼らも、「今を生きる」という思いで日々を送っていたはずだ。

過去や未来は、人に救いの手を差し伸べてはくれない。

後悔は現状を苦しいものにするだけだ。

未来に空頼みをしても、非情な現実が待っているだけではないか。

漂流とは人生の時間を寸断され、孤立した空間に追いやられることである。

目前にあるものは「今」という時間と、「自分がいるこの場」だけ。

追い詰められた状況の中で何を頼りに生きていけばいいのか——。

漂流者とわたしはどこか似ていた。過去や未来には行き場がない。だが人生には過去も未来もいらない。現在があればそれで十分ではないか。**現在が楽しくない者に、有意義な過去も、それが途切れることなく続く明るい未来だって来ない。**

考えてみれば、人生を時間軸と思い込み、その流れに身を任せていた。

誕生、入学、卒業、就職、結婚、子育て、定年退職、死去。

標準化すれば人生は年表のようにわかりやすくなる。

だがそれらの節目が人生に本当に訪れるとは限らない。しかも、**皆と同じレールを進まねばならない人生観はいささか窮屈だ。他人との比較や、無意味な優劣感、差別さえ生み出してしまう。**

人生は「時間で管理するもの」ではない。

確かに黙っていても時間は流れる。歳を取ってもいく。それに疑問を持つことなく、時間観念に縛られるばかりの人生には自由がない。

時間で考える人生は砂時計のように残り時間がなくなっていくものだ。人生という時間の砂がまだたっぷりあるうちは意識することもないだろう。だが砂が少なくなるにつれ終末観が濃くなる。悲しき先細りの人生観というほかない。

だが**人生の経験を積んだからこそ初めて見えてくる風景があり、そこから始まる人生だってある。**

旅を長年続けてきたからだろう。わたしは人生を空間ととらえるようになった。みんなに平等に与えられているのは年表ではなく、地図だ。

人生において決まっているのは出生地と墓場だけ。

それ以外は、連続していく「今」がある空間だけだ。


好きなこと、やりたいことに死の間際まで制限時間はない。

自分の人生をどこまでも、行けるところまで行ったらいい。生まれてから死ぬまで、人は歩んだ分だけ、遠くへ行く。

だからこそ今が大切なのだ。今自分がいるこの空間で何をするか。


一番おもしろいと思うことをすればいい。

それがまた自分に次の「今」を与えてくれる。


雑念を削ぎ落としたわたしは、よりシンプルになって生まれ変わることができた。

そして思いもしないチャンスが巡ってきた。

「今」という空間で何をするか

二〇一一年二月。わたしはハワイ島（ビッグアイランド）のケアラケクア湾にやって来た。

馬蹄形をした湾には断崖が迫り、透き通る緑碧色の海は鉱石のように輝いて見える。

そこは探検家、キャプテン・クック（一七二八―一七七九）終焉の地なのだ。

キャプテン・クックは、地図上の空白部だった太平洋を三回航海した。

彼を派遣した英国海軍からは、「伝説の南方大陸テラ・アウストラリスを探せ」と司令を受けていたという。彼は、アトランティスやムー大陸のような伝説大陸に魅せられた元祖探検家と言っていいだろう。

クック追跡に乗り出したのは、ドイツのカメラメーカー・ライカカメラＡＧが実施した「ライカエクスプローラー」という企画がきっかけだった。

世界公募で選ばれた十人が、コロンブスやキャプテン・クックなど歴史に名を残す探検家の足跡をたどって旅に出る。カメラと旅費を支給され、それぞれの写真紀行をインターネット特設サイトにアップするというものだ。

探検家として間宮林蔵を追跡した経験があるわたしには勝算があった。

探検家が見た風景は、単なる美しい風景ではない。それは苦労を乗り越えてたどり着いた土地であり、死を覚悟した場所であり、世界的発見を成し遂げた、いわば極限の風景である。物語が宿る心象風景だ。

応募して採用されたわたしには、キャプテン・クックの追跡が指定された。

この旅には、新しいチャレンジがあった。これまでは、言葉あるいは文字を媒介として旅を続けてきた。資料を読み、現地で掘り起こした事跡を言葉で考え、書籍などの文字で書き残す。だが今回は写真で行わなければならない。

クックと同じ地点に立ち、そこでどんな写真を撮ったらいいだろう。

探検と写真。

そこに自分なりの視点や検証スタイルをどう加味していけばいいか。

注目したのは、キャプテン・クックの探検隊が残した画像資料だ。

彼の旅には記録係として画家が随行し、風景や動植物、民族、風習など、多くの絵画やスケッチを残した。それらはキャプテン・クックが見た世界だ。

一八世紀にクックが目にした世界の「現在地」を探し出し、写真を撮りたい――。

出発前にクック隊の絵画をプリントして、モレスキンのジャパニーズアルバムと呼ばれる小型ノートに貼りつけた。

これなら、現地でクックが見た風景を探すのに役立つばかりか、余白には現地で計測したGPS位置情報や気づいたことをメモできる。

今という空間で何をするか――。

カメラはまさに、現在という時間と空間を切り取る記憶装置だ。

一八世紀にクックが見た風景は、多くが現在でもそのまま残されていた。

それは、クック終焉の地となったハワイ島ケアラケクア湾でも同様だ。

クックがハワイ島に到着すると、先住民は彼を農耕神ロノとみなし熱烈に歓迎した。だが後にトラブルが起こり、クックは彼らに殺害されてしまう。

なぜ殺される事態となったのか。今も謎のヴェールに閉ざされている。

彼が殺害された地点さえ不明のままだ。


だが彼が目にしたであろう風景に立ち、撮影した写真と比較、検証していくうち、思わぬ事実にたどり着いた。

殺害された海岸には、今なお入境が禁じられる聖地ヒキアウ・ヘイアウがあった。農業神ロノを祀る祭壇だ。

その石垣に打ちつけられた記念碑から意外な事実を知った。キャプテン・クックは、落命した同僚をそこに埋葬したという。

神聖な場所に勝手に死者を、しかも外国人を埋葬したことは現地人の怒りを招かなかったはずはない。それはクック自身が、聖地ヒキアウ・ヘイアウの祭壇付近で殺害されたことをにおわせる。

彼はおそらく冒涜者として生贄にされたのだ。その証拠に殺害後、彼の身体は切断され食われてしまった。

突然、閃きにも似た思いつきがわたしに降臨してきた。

それは声なき声とでもいうべきものだ。

現場に立てば、客観性を持って歴史に立ち会うことができる。

殺されたクックばかりか、殺した名もなき現地人の気持ちにも触れることができる。その場にいる双方の気持ちを同時に理解できる。資料に書かれなかった行間が読め、埋もれてしまった現実さえ垣間見ることができる。歴史を透視できるような体験だ。

絵画と写真から殺害現場を特定し、そこに潜む見えない関係を探り当てた。

文字資料では解けない謎に対し、現場写真からアプローチを試みた。

時代を経ても土地には見えない因果関係が残される。それは、カメラという「今」を切り取る装置だからこそ可能だったのだ。

そこにクックの心が透けて見えた。

探検の道なかばで命絶えたクックは無念だったろう。


ハワイから英国へ飛び、クックの母が眠る墓地で旅を終えた。

ハワイで客死したクックに墓はない。彼の母の墓に花を手向けることがわたしにできるせめてもの供養だ。

クックの追跡はまた、わたし自身が直面している人生の現実を上塗りして教えた。

人生の物語はいつ終了するかしれない。

だからこそ、「今」というときをより確かに生きなければならない。

不幸を背負おうとする者に不幸は存在しない

妻の悪性腫瘍が再発した。

よりによってそんなときに、子どもが誕生した。

世の中は東日本大震災の惨禍にあった。

東京都中央区築地にある国立がん研究センター中央病院に入院した妻は、再発が疑われる腕の筋肉をすべて切除することにした。妻の腕には黒いマーカーペンで切除箇所が引かれ、その大きさにショックを受けた。

機能している筋肉の大部分が失われ、片腕を喪失するに等しい。

どんなに過酷な状況でもそれを甘受しようという妻の決意に、「何があっても死を選ばない」という確固とした意志を感じた。

それは子どもが与えてくれる無限大の勇気であり、生命力だった。

人間に「生きたい」という強い意志を与えるのは、子どもや家族など身近な人の存在だ。

誰かがいるから、死んでなんかいられない——。

そんな魂の叫びを前にして、自らを省みた。海外で何度か九死に一生を得たわたしの体験など、薄っぺらなものだ。

旅の最中、「長生きしたい」とは思わなかった。

最高の人生は「長く細く」でも、「太く短く」でもない。

「濃い」人生ほどおもしろいものはない。

今でもその考えに変わりはない。

だが妻と子どもの存在が、生き続ける本当の意味を教えてくれた。

濃い人生が送れないなら、長く細く、それもダメなら太く短くてもいい。あらゆる選択肢の中で生き続ける道を選ぶ。そして新しく宿った命に寄り添うこと。それこそが生きる意味なのだ。

命を繋いでいるのは家庭という場だ。

この世に生を受けた者には、誰にも親がいる。血の繋がった家族や親戚がいる。別れ別れになっていても、好きでも、嫌いでも、間違いなく同じ物語の一部を共有している。その**ファミリーストーリーにこそ、自分が未来に向かって生きていく本当の理由がある。**

「生きたい」

そう選ぶ妻がいる限り、家族は生命力あふれる温かい絆で結ばれた。

わたしは「何があってもきっと乗り越えられる」と確信し、自分に何度もそう言い聞かせた。

絶望の淵（ふち）に立たされているにもかかわらず、心に立ち上がるそんな安らかな感情は一見奇妙だ。アマゾンで最悪を最高のラッキーとみなした心理と似ている。

なぜ最悪の事態を最高の境遇に変換できるのか。

わたしはその本当の意味をよく理解できないまま、それをただお守り同然に胸にしまって生きてきた。

だが、今やわかったのだ。

「何があってもだいじょうぶ」と、あらゆる困難を受けて立とうとする者に困難は訪れない。あらゆる不幸を背負おうとする者に不幸は存在しない。

確固たる決意は人間を超人にする。

たとえ最悪の事態でもそれを受け入れようという人間には、幸福しか残らない。

もう何も怖くない。何があっても、乗り越えていく。

妻を見舞った後、病院を出て歩きながら考えた。

もうこれから先しばらくは探検には出られないだろう。

それでもいつかチャンスが来れば、きっと探検に出たい。

わたしにとって探検は何だろう?

職業ではない。それは生き方だ。

生活を支える手段となってきたが、職業としての探検家を続けられなくなっても、素のままで探検を続けるに決まっている。

自由気ままに探検に出られなくなることに未練は残る。でもその未練こそが新しい芽を出す種になるはずだ。なぜなら最悪こそが、最高を生み出すから。

生き続ける者に物語の終わりはこない。

“To be continued（つづく）”

常に続きを残して終わるドラマに心を惹かれる。続きが待ち遠しいからこそ、いつもおもしろいままだ。

翌日、妻の手術を前に担当医から診察室に呼ばれた。

「病理検査の結果、悪性腫瘍ではないと思われます」

「悪性腫瘍では、ない？」

「よって手術は不要と判断しました」

わたしは狐（きつね）につままれたように息を呑んだ。医師の説明では、悪性と良性の境界にある腫瘍がごく稀（まれ）に存在するという。医師は続けた。

「病理検査はモンタージュ写真で犯人を見つけるような作業です。人相学のようなものですよ。現時点では手術はせず経過観察をすることにしましょう」

このどんでん返しを「偶然」や「強運」などという独りよがりな言葉で片づけることはできない。

命を繋ぎとめた、見えない力が働いた――。

それに報いるためには、精一杯生きることだ。

吹き荒れ始めたかに見えた人生の嵐は、急速に去り始めた。

わたしの足も、十年の経過観察を経て、骨の増殖と診断された。

悪性腫瘍ではなかったのだ。まだ生きられる。物語は続いている。

運命の声が囁いた。

「立て、そしてどこまでも行け！」

第6章

人生で大切にしている12の気づきと3つの心がまえ

人生で大切にしている12の気づき

1 食えばわかり合える

今まで旅先でずいぶんと変わったものを食べてきた。

虫や野獣、その内臓、とてもうまそうに見えない草木など、どこに行っても必ずひとつぐらいは見慣れない食事が出てくる。

究極の食体験をしたのは、極北の地グリーンランドだ。

デンマーク領グリーンランドへは、成田からコペンハーゲンに飛び、そこでグリーンランド航空の飛行機に乗り換えてカンゲルルススアークへと入る。フライトだけでも約十六時間がかりだ。日本との時差は十二時間だから、地球のちょうど反対側となる。

カンゲルルススアークから北緯六九度にある北極圏の町、イルリサットへ。

イヌイットの言葉で氷山を意味するこの町では、どこにいても氷山が間近に見える。

昼食時に食堂の席に着くと、窓の外を氷山が流れていった。

テーブルにはアザラシ肉の料理が出てきた。

アザラシはよく氷山の上で寝そべっている。氷山を見ながら、アザラシ肉を食らうことになるとは何てシュールな体験だろう。

肉はまるで魚の味がした。脂肪はコラーゲンもたっぷりで、全部平らげたら翌朝には皮下脂肪が首の周りにつき、アザラシになってしまうのではないかと冗談半分ながら不安に駆られた。

アザラシばかりか、グリーンランドの食卓にはヘラジカ、ジャコウウシ、シロクマが次々と運ばれてきた。

それらの肉を頬張って感じるのは、味を表現できないもどかしさだ。

日本に生まれ育ったわたしは、肉と言えば、牛、豚、鶏が基本である。つまりカエルを食べれば鶏肉のようだと思い、猪を食べれば豚に似ていると感じる。あらゆる種類の肉に対し、牛豚鶏の三つの味を基準にしか評価を下せない。

ヘラジカ、ジャコウウシ、シロクマは何とも表現できないシロモノだ。

どれを食べても「ワイルドな味」としか表現できない。特にシロクマの肉は独特の強い野獣臭が立ち、キング・オブ・ワイルドそのもの。一口食べただけで、シロクマになってしまいそうで背筋が寒くなる。

肉ばかりか、奇妙な飲料の体験もある。

メキシコでは現地人から地酒を勧められた。琥珀色の蒸留酒メスカルだ。

液体の中にイモムシが沈殿している。メスカルは竜舌蘭(りゅうぜつらん)という植物を原料とするが、その葉に生息するガのイモムシを混入させることで正真正銘さをアピールしている。沖縄のハブ酒と似ている。

「セニョール、乾杯といこうじゃないか」

一杯機嫌の男がわたしに勧めた。

恐る恐る酒を口に含んでみると、イモムシ臭がするわけではない。だが酒の度数は火を噴きそうになるほど高い。

男は皿に盛ったおつまみを勧めた。よく見ると、そこにもイモムシが……。こんがりと焼かれている。

勧められたからには一杯は飲み、ひとつは食べなければならない。

それはゲテモノであって単なるゲテモノではない。

現地の人は、客人に一番美味いものを振る舞おうとする。特別のもてなしという思いが込められている。

部外者を受け入れるかどうかを判断する踏み絵でもある。日本人が外国人に納豆や鮒(ふな)寿司などを出し、目の前でペロリと平らげてニッコリされたら親近感を覚えるだろう。いや、むしろこちらのほうがタジタジとなるに違いない。

テーブルにゲテモノが出されたら、現地人と仲良くなるチャンス到来だ。

出されたものを「うまっ！」と平らげれば、探検に協力してくれること請け合いだ。

物語や歴史、異文化、習俗など現地人しかわからないことを知りたいと思ったら、その土地にどっぷりと溶け込む以外に道はない。出されたゲテモノを食べるだけで一気にお近づきになれる。

わたしは目を閉じてイモムシを口に放り込んだ。

変なものを口に入れて後悔することは多いが、幸いにも焼きイモムシは香ばしかった。珍味として酒に合う。いや、酒にもそのイモムシが入っているのだから当然か。あっという間に一皿たいらげた。

男はわたしの食べっぷりにいたく気をよくしたとみえ、あまり知られていないマヤ遺跡まで案内してくれると約束した。

お土産にイモムシ入りキャンディまでくれる厚遇ぶりにはまいったが……。

人間にとって食べることは、生命や健康を維持する基本的な行為だ。

裏を返せば、食は命がけである。安心や信頼感が根底になければ、知らない人と同じものを食べられない。

ゲテモノを勧められたら食べる。

それは、自分が「命がけ」で相手を信頼していることを示す究極のメッセージになる。

何もそれは世界や異国だけの話ではない。知らない人と会食を通じて仲良くなれるのは、同じものを食べたという共通意識が生まれるからだ。

食えばきっとわかり合える。

2 カメレオンは襲われない

この世で一番恐ろしいものは何か。

地震、雷、火事、オヤジ。そんな例えはあるが、間違いなく一番怖いのはオヤジだ。

冗談ではない。天災や獰猛(どうもう)な野獣など自然の脅威には抗(あらが)い難い。だが天気予報を参考にしたり、経験を積めば出没する季節、場所などある程度予測がつく。それをもとに対策を取ることが可能だ。

だが人間の恐ろしさは予測困難だ。

失われた都市を求めて南米ブラジルに渡ったのは、二〇〇二年のことだ。リオデジャネイロの国立図書館に一九世紀の古文書が残っていると知り、出かけていった。

図書館で調べ物をする。ただそれだけのことだが、ブラジルの治安はよくない。案の定、夕暮れの道端で拳銃を手にした男が目に飛び込んできた。

繁華街の目抜き通りで男が誰かに向かって銃を向け、今にも発砲する構えを見せた。一瞬、路地に緊張が走り、通行人らが一斉に物陰に隠れた。

わたしもビルの壁に張りつくように身を寄せて耳を塞いだ。

だが銃声は鳴り響くことなく、男もどこかに消えてしまっていた。

恐れをなしたわたしはあらゆる情報を集め、万全の準備をした。

宿から図書館までの経路を注意深く検討し、着古したシャツに着替え、財布や時計などをすべてホテルの金庫にしまった。

さらに襲われた場合に備え、高額の紙幣をポケットにしのばせる。

図書館通いは数日続き、ついに目当ての資料を見つけた。

虫食いでボロボロになり、所々文字が途切れて読めない。だが失われた都市を探す手がかりをついに手に入れた。気分が高揚するまま図書館を出て、ホテルに戻ろうとした。

道を歩き始めたところで、前方から数人の少年が近づいてきた。

ファベーラと呼ばれる貧民街に暮らすストリートチルドレンだ。彼らはたちまちわたしを取り囲んだ。

とっさに身体をよじって離れようとしたが、背後から抱きつかれ羽交(はが)い締(じ)めにされた。背後の男がわたしからバックパックを奪おうとする。

中に金目のものは全く入っていない。今しがた図書館で手に入れた古文書のコピーが入っているだけだ。


金ならくれてやるが、それだけは渡せない。

そんな意識が強く働き、わたしはとっさに抵抗した。

すると彼らもバッグに執着した。

やばいパターンだ。

このままではナイフで腹か背中を刺されてしまうかもしれない。彼らはかならず武器を持っている。

だが万が一のための高額紙幣を渡そうにもポケットに手を突っ込むのもよくない。武器を取ると勘違いされたら、かえって危険だ。

膠着状態が続き、わたしの脳裏に奇妙な空想が駆け巡った。

自分が身体を刺されて痛がっている地獄絵だ。

幸いにも前方からバスが走ってきた。わたしはドライバーの目を見て必死に訴えかけた。だが「ああ、またやられているよ」とでも言いたげな表情で一瞥し、減速することもクラクションを鳴らすこともせず素通りしていった。

何ということだ。

ここは大都会リオデジャネイロの中心部である。白昼下の犯罪が普通に横行し、人はそれをみて何とも思わないなんて。世も末だ。

何より見捨てられた現実を前に落胆する。

ところがバスが通り過ぎる瞬間、わたしを後ろから羽交い締めにしていた男の手が緩んだ。その隙に乗じ、猛ダッシュで彼らから逃げた。

冷静に考えれば、バックパックに入れていた古文書のコピー、その紙切れ一枚のために命を落とすところだった。


探検と危険について思うとき、必ずこの体験を思い出す。

本書の冒頭で紹介した危機一髪は、どれも単なる事件だ。それは死を考える機会を与えたが、探検を考えるきっかけではなかった。

わたしにとって、その一枚の紙切れを手に入れることこそが探検なのだ。

それがなければ探検ができない。

もしそれが原因で死んだとするなら、探検家の殉職と言えよう。

とはいえ図書館で見つけた資料のコピー一枚のために命を落としていたら、いくら命があっても足りない。


事件を振り返り、さらなる対策を模索する。

彼らが目をつけたのは背負っていた小型のデイパックだった。

街の様子を改めて観察すると、バッグを背負っている者はほとんどいない。犯罪のターゲットとなりやすい外国人旅行者と一目でわかる持ち物だ。ドレスダウンはしても、背負っている荷物が目立っていたら狙われるに決まっている。

郷に入りては郷に従え。

犯罪を避けるためには、土地の人の姿を注意深く観察し、着ている服だけでなく、持ち物も同化させなければダメだ。

カメレオンは襲われない。

自然界ばかりか、人間界にも通用する旅の鉄則だ。

3 インドの病気にはインドの薬しか効かない

インドで高熱にうなされた。

一九八八年、山賊事件の後、ヒマラヤを下山してからのことだ。

体に力が入らず、立ち上がることさえできなくなった。

バックパックには日本から持ってきた風邪薬が入っていた。だが効き目はなく、街の病院へ這っていった。

医師は「単なる風邪でしょう」と診断し、「インドの病気はインドの薬しか効かない」と豪語し、薬を処方してくれた。一口飲むと効果はテキメンに表れ、熱が引いてすぐに歩けるようになった。

それ以来、日本から薬は持参するが、**現地の病気には現地の医療や薬が一番いい**と信じるようになった。

世界には一風変わった健康法もある。

ロシアのシベリアでは極寒のことを「マロース」と呼び、病気や邪気を遠ざけ生命力をもたらすものとして大歓迎する。丈夫な体を持つことができると信じ、凍りついた池に裸で飛び込む。

氷点下三〇度の厳冬期、サハリン島で凍った鼻水が氷柱になるほどの寒さを味わった経験から、とてもではないが寒中水浴などごめんだ。

そんな過酷な土地に限って、不運が襲う。

夕方、宿に戻ると扉に鍵がかけられて中に入れなくなっていた。掃除に来た人が間違えて鍵をかけていってしまったのだ。

わたしは一晩中、部屋から締め出しをくらった。ポケットの中にあったチョコレートをちびちびと舐めながら空腹をしのぎ、体温を温存し、ビニールシートを体に巻きつけて辛うじて暖をとった。

だが夜は長い。何度となく睡魔が襲ってきた。「ここで寝たら死ぬ」という恐怖感につきまとわれるたび頬を叩いたり、つねったりして意識をどうにか繋ぎとめた。

空が明るみ始め、窓から日光が差し込んできた瞬間、救いの神だと感じた。

「乗り切った！」という喜びと安堵感を心底味わった。

そのような体験はもうこりごりだが、体の奥底に眠っている生命力が呼び覚まされるような感覚を知った。

この実感こそ、シベリア人がいうマロースなのだろうか。

一方、砂漠には砂漠の生き方がある。

エジプトの乾燥地帯で熱中症にかかりそうになったとき、水を飲むことではなく、放尿することで体調を立て直したことがあった。

乾いた暑い砂漠では汗をかけない。かいてもすぐに乾燥してしまう。気温が上がるにつれ体温は上昇していく。汗をかけないために、体内に閉じ込められた体液の温度が上がって熱中症のように頭痛や目眩を起こす。

トイレに行き、一気に尿が放出された。湯気が立つかと思うほど熱い尿だった。体温が一気に下がり、頭がスッキリした。砂漠で健康を維持するコツをひとつつかんだ。

暑く乾いた砂漠では、水を飲むことよりも、放尿で体温が維持できる。

おもしろいことに、熱帯雨林のジャングルに行くとその法則は逆転する。

四六時中汗が噴き出す暑い場所にいると、放尿しても体温はさして下がらない。むしろ体温より低い温度の水を飲むことで体温が下がる。

健康を維持するには環境に適応することだ。

旅先で体調を崩し、元気を取り戻すたび、健康は自分の体力や気力だけで成り立っているのではないことを知る。

自分を生かしてくれる土地に感謝しながら、旅をする。

4 「すごい」より「おもしろい」と言わせたい

「すごいですね」と言われると困惑する。

ロビンソンの住居跡を発見した後、その言葉とともに何度か称賛された。お褒めの言葉はありがたい。だが「すごい」と言われても正直、素直に喜べない。

すごいとは何かを成し遂げた人に対する感嘆詞だ。

「すごい」と声をかける人と、かけられる人の間には心理的な距離がある。そこに居心地の悪さを感じるのだ。

「すごい」より「おもしろい」と言われたい。

探検を「おもしろい」と言ってくれる人に会うと、興味、関心事を共有する仲間に会えたようで嬉しくなる。

おもしろいとは何か。

常識や固定観念が崩されるときに、「予想外の見方があった！」と驚く。好奇心から発せられる純粋無垢な言葉だ。

おもしろいは、予想外から生まれる。

東京で探検できるだろうか。わたしは「論外」と思っていた。

多くの人が行き交う東京のどこに人跡未踏の場所があるというのか。未知を求めて遠い世界に行くはずの探検と東京は、あまりにも似つかわしくない。

だがその思い込みこそが盲点だったのだ。

例えば東京タワー直下に、都内最大級の前方後円墳がある。芝丸山古墳は芝公園と名前を変え、往時の雰囲気をわずかに留めている。

なぜ東京にあるのか。

誰の墓なのか——。

『週刊プレイボーイ』に提案すると、「おもしろい！」と反応があり東京探検の連載企画に発展した。

「すごい」ではなく、「おもしろい」からこそ共有できるのだ。

それにしても「論外」と切り捨てていたところから、おもしろいテーマを見つけられたのはなぜか——。

きっかけは、地方視点で東京を眺めたことだ。

地方を地方視点で眺めても、おもしろいことはひとつもない。だが東京を地方として見たら何が見えてくるか。答えをイメージできないところに、すでに無限のおもしろさがある。

考えてみれば東京が首都となったのはたかだか四百年前だ。それ以前は日本の一地方都市にすぎなかった。

東京を地方都市として眺めると、墳丘長一二五メートルもある芝丸山古墳は実に奇妙な存在だ。

前方後円墳といえば大和王権の覇者の墓であり、奈良や大阪など当時の日本の中心地を示すシンボルのはずだ。大和王朝の出先機関がすでに東京にあったのだ。しかも東京タワーの直下にあることと自体、おもしろすぎる。

東京探検は、わたしの探検スタイルに地盤沈下をもたらした。

東京のど真ん中でもガチ探検ができる。

探検はどこか遠い世界に、危険を冒して出かけるものと思われていないか。

そのステレオタイプの定義こそが、すでに探検をつまらなくしてい

る。

別に遠い外国に行かなくても探検は可能なのだ。

東京の大都会のど真ん中の、見慣れた風景の中でも心躍る探検ができる。そのほうが百倍おもしろいではないか。

探検とは、何かを見つけたいと思い立ち、ドキドキしながら未知の世界に踏み出していくことだ。

好奇心という人間の本能のことであり、自然の摂理そのものだ。

やろうと思えば探検はどこでもできる。

そうなのだ。**目の前に見えている日常を探検できない者は、どんなに遠くに行ったって結局、探検はできっこない。**

探検家にならなくても、本来、誰にでも探検に対する欲求は備わっている。

東京探検を「すごい」と評する人に、東京探検は無理だ。他人事のままだからだ。

だが「おもしろい」と言う人は、自分事にできる。

探検に限ったことではない。「すごい！」で済まされる仕事より、おもしろいと声がかかる企画を手がけたい。

5 子どもを連れて探検する

探検は、子どもにとってリアルな存在だ。

子どもは発見の日々を送り、好奇心の火を絶えず燃やし続けているからだ。

探検を子どもの遊びとみなす大人は、発見と好奇心を失いかけてしまっているのだろう。

未知であふれているはずのこの世界で、何かを知ったつもりになっている大人より、何かを知りたいと純粋に願っている子どものほうが、人生の価値ある時間を味わっている。

わたしも大人になってしまった以上、子どもには敵わない。

たとえ子どもに負けない発想と行動力を発揮しようとしても、大人であるために思い通りにいかないことは多い。

忍者の遺跡を調べようとしたときにも、もどかしさを味わった。

秋田市には、かつて忍者屋敷が二軒あったという。そのうちの一軒に暮らしていた人によれば、家の床下や天井に隠し部屋があり、手裏剣（しゅりけん）や撒菱（まきびし）もあったが、すでに火事で焼失してしまったという。

もう一軒の忍者屋敷もすでに存在しないが、敷地内に秘密の抜け穴の痕跡が残っているらしい。

どんな穴なのか――。

謎の穴を知る郷土史家によれば、江戸時代の秋田久保田城本丸から抜け穴が通じ、川の対岸から見えないように工夫されていたという。

現地へ出かけ住宅地の路地を行ったり来たり、カメラを構えているうちにすぐに近隣住民がわたしの存在に気づいた。

　間違いなくわたしは不審者なのだ。

「何かこの辺にご用でも？」と尋ねられて「忍者の穴を……」と正直に答えたところでどれだけの人が納得してくれるだろう。しかもそこで「探検家」などと名乗れば、火に油を注ぐだけである。

　忍者を追う探検家⁉

「テレビか映画だけにしてくれ」と苦情を受けかねないし、こじれると警察に通報されてもおかしくない。


　だがそれくらいのことでは諦めきれない。何としても忍者がいた痕跡を見つけたいと思い、頭をひねった。

　子どもと遊べば社会は不審感を抱かない。

　近くに川があるから保護者同伴はむしろ当然だ。

　そこで幼稚園から帰ってきた娘を誘い、現場周辺を散歩しながら忍者の穴探しを始めた。子ども連れならカメラで撮影しても怪しまれない。

高いところに立ってカメラを構えるわたしに、娘が「危ないよー」と声をかけた。

実は子どものほうが大人だったりする。

観察の結果、地面にいびつな竪穴が開いていた。

その地下で横穴がつながり、川へと続いている。しかも川の対岸からは何も見えない。秘密の抜け穴の名残とみていいだろう。

ミッション終了。

怪しまれないようにすばやく、穏便に現地調査を成功させた。


童心に帰るのは簡単だ。子どもと遊べばいい。

子どもや孫と一緒に遊園地のジェットコースターに乗り、子ども以上にはしゃいでいる大人の姿をよく見かける。**どんな大人の中にも子どもが埋もれている。**

それを呼び覚ますのだ。

童心を取り返せば、大人だって探検ができる。子どもや孫と遊べる人は探検家になれる。今もたまに、子連れで探検に挑む。世間はクレームを言わないし、自分に「子ども力」がチャージされ、すべてが丸くおさまる。

スキルは料理で磨ける

探検は料理と似ている。

探検家になりたければ厨房に立つべきだ。必要なスキルは料理で磨ける。料理を上手に作るためには、あらかじめ食材、調味料、料理器具などを準備し、材料はまとめて最初に切っておく。

それを探検に応用するなら、あらゆる資料を調べ上げ、仮説を練り、最善のプランを立てる。すべての準備をしてから旅に出るのが鉄則だ。

だがどんなに準備万端整え、レシピ通りに進めようとしても、変な方向に転んでいくことは多い。

海外の知人宅を寝ぐらとするとき、居候ばかりでは申し訳ないので、たまには日本食を作って振る舞う。

英国スコットランドのアジア系食材店で米や醤油、味噌を見つけた。スーパーではクレソンやズッキーニ、マッシュルーム、グリーンピース、アボカド、そしてサーモンなどの海産物を手に入れた。それらで天ぷらを作ってみようと思ったのだ。

クレソンやアボカドの天ぷらは揚げたてを試食してみたが、エキゾチックな風味が口に広がり、天ぷらのアナザーワールドといった感じだ。それに白いご飯を炊き、天つゆと味噌汁で英国風天ぷら定食のできあがりだ！

だが何を思ったのか、仕上げの盛りつけを手伝ってくれた英国人が天ぷらを味噌汁の中に投入してしまった。

何てことをしてくれるんだ！　捨てるしかないか。

ところが英国人らは「うまい」を連発した。試しに味見してみるとこれがなかなかいける。いや、想像以上だ。こうなったら残った天ぷらを味噌汁に投入してスープにしてしまおう。予期せぬハプニングから天ぷら汁が完成した。


一見奇妙な料理体験の中にさえ、探検に役立つ法則が潜んでいる。

まずは段取りだ。段取りとは行動をシミュレーションし、必要なものを過不足なく揃え、整える能力のことをいう。

天ぷらは火を使い始めたら、もう下ごしらえに戻れない。探検も同じだ。いつ、どこに行くか。その前に準備しておくことは？　帰ったら何をするか？　その段取りを間違えると失敗することがある。

だがどんなに周到な準備をしても、想定外の事態は起きる。

英国の天ぷらは、最後に味噌汁に入れられた。見知らぬ土地を行く探検も想定外なことばかりだ。

一九九〇年には南米チリでデモ隊と警察の睨み合いに巻き込まれ、催涙ガスを浴びた。探検どころではなくなった。

南米ギアナ高地では、断崖の上にたどり着いたところでガイドからチップの追加を要求されたし、タイではウイスキーを勧められ酔ったところでいきなり殴りかかられた。ガラパゴス諸島では、朝起きたら靴の中にサソリが入っていた。サソリといえば中国では北京ダックの前菜として唐揚げが登場し、タジタジとなった。

天ぷらが台無しになってもV字回復が可能だったように、探検もトラブルを乗り越え、新しい境地を切り開いていかなければならない。

料理がなぜ探検スキルをアップさせるのか。

それは料理がリアルな現場作業であり、シナリオ通りにいくとは限らないからだ。

つまり**考えてから走り出すだけでなく、走りながら軌道修正するスキルも鍛えられる**。

料理は生き方をより用意周到、臨機応変、発想豊かに変える。

だからわたしは厨房に立つ。

7 他人事を自分事にする

なぜ探検をするのか？

探検を職業としている以上、理由のひとつは生計を立てるためだ。でも職業的な要件だけが探検に出かける動機ではない。

どんな職業も同じだ。お金を稼ぐためという以外に、人をしてその仕事に駆り立てる理由があるはずだ。

二〇〇六年十二月。オーストラリアを訪れるまで、自分が探検する意味について深く考えたこともなかった。

大陸の内陸部にはアウトバックと呼ばれる不毛地帯がある。その中心的存在は巨大な一枚岩エアーズロックだ。岩の高さは三四八メートルあり、周囲はおよそ九キロメートルに及ぶ。

この岩が現地の先住民アボリジニにとって重要な神話の舞台であることはよく知られている。

バスでその地にやって来たのは午前五時すぎ。不気味なほど黒く大きい岩のシルエットを車窓に見つけた。東の空は少しずつ明るみ始め、天地創造を目の当たりにするかのような神秘的光景が目に飛び込んできた。

その聖地からオーストラリア大陸全域に見えない道が通じているという。

先住民アボリジニは、創世神話を「歌」と呼ぶ。岩穴や小山などの聖域を祖先の足跡と認め、それらを繋ぎ、歌の道（ソングライン）になる。出会うはずのない、遠い土地の見知らぬ部族同士が同じソングラインで結び付く。

ソングラインこそ神話の究極な形だと思った。

本来、伝説は独立したものではない。互いに根を同じくし、モチーフを共有しながら人類の精神を表している。

ふとアメリカの原住民が岩穴に残した宇宙図を思い出した。宇宙は彼らにとって世界創世の舞台だ。伝説にもコンステレーション（星座）があり、コスモスと呼ぶべき神話体系がある。**物語は単体では存在し得なく、様々な物語どうしが結び、重なり合っている。**


そのような観点に立つなら、わたしが追跡してきた物語にもコンステレーションが存在するはずだ。

ロビンソン―浦島―サンタクロース―宝島―ヴァイキング―間宮林蔵。

それら物語の種を探ってみると、リアリティの中に「人間と海」という共通テーマが浮き彫りになってくる。

物語を連鎖させるように旅することで、無意識のうちにコンステレーションを求めているのではないか。物語の旅によって、未だかつて誰も見たことがない神話や伝説、物語の宇宙を探っているのかもしれない。

オーストラリアでソングラインという神話体系の存在を知り、物語を旅してきたのは、物語の種というい くつもの点を繋ぐ、見えない線を探し求めているのだと悟った。

人生には自分の意思で動かすシナリオと、勝手に動いていくシナリオの二つがある。

欲望や理性が動かす目に見える世界と、縁や運命で勝手に動いていく見えない世界がある。

探検をするのは「世界を知りたい」と願うからだ。

探検家なら誰でも自分が生きている現実世界の謎を解きたいと願っている。

しかし、世界を知れば知るほど、求めているのはそれだけでないと気づく。なぜ世界のことを知りたいのだろうか。それは自分がこの世界に生まれ出たゆえの欲求だ。

世界を知ろうと願う者は、自分と世界を繋いでいる縁とその秘密を探りたいと思うはずだ。

その目に見えない縁に関心を持たない者に、世界を知りたいと願う本当の動機は理解できない。

これは探検だけの命題ではない。この世に生まれた人が自分の人生、境遇、職業などそれぞれの立場で同じ問いを発しながら生きている。

なぜ生まれてきたのか。
なぜその境遇に甘んじているのか。
なぜその職業を生業(なりわい)としているのか。

明確に答えられないまま、生かされていると感じることもあるだろう。

人生には、自分の意思や努力が及ばない力が働いている。それは縁や運命と呼ばれるが、その見えない力こそが人生のもうひとつの車輪を動かしている。

「縁あってこの世に生まれてきた」「運命に導かれる」

それらの言葉を日常的に耳にする。わかったようで、よくわからない。

縁や運命を「物語」と言い換えてみよう。


「物語あってこの世に生まれてきた」

「物語に導かれる」


生きることは物語を紡ぐことだ。

人は生を受けると一人にひとつ物語が与えられる。

最後のピリオドを打つまで結末は見えない。

人間はそんな物語の中で生かされているのではないか。

縁や運命とは、人や物に宿る物語のことだ。物語がほかの物語と結びついてインスタレーションを作るように、人と人、人と物も物語で繋がり合っている。

わたしはなぜ物語を旅するのか。物語の種探しを通して現実を知ろうとしているだけではなく、人と人、人と世界を結び合わせている未知の、見えない物語を探し求めているのだろう。

それは特別難しいことではない。誰でも身近に試してみることができる。アニメや漫画など物語の舞台を訪ね歩く、「聖地巡礼」だ。

傍から見れば聖地巡礼は、ファンが物語の舞台に立ち、勝手に楽しんでいるだけに映るだろう。ところがそこには奥深い意味がある。

物語の聖地を訪ねることで、自分と物語の間に橋がかけられる。漫画などの世界を自分ワールドにすると他人の創作ではなく、自分の現実となる。漫画などの世界を自分ワールドに変換できるのだ。

物語に自分の体験を重ねる聖地巡礼は、物語をリアル化するための厳かな儀式なのだ。**物語が他者ではなく自分の物語に変わるとき、それこそが心の拠り所となり、行動や生き方に指針を与える。**

わたしはロビンソンを追跡し始めた二十代から、すでに三十年近くも聖地巡礼を行ってきた。それを生涯にわたって続けていこうとするのは、好きな物語を自分のストーリーに変換できるからだ。

そうやってロビンソンや浦島、サンタはわたしの人生における登場人物となった。

物語は読むだけではつまらない。

現実に引き寄せてこそ、とてつもなくおもしろいものになる。

他人事を自分事にすること。そこに物語を旅する最大の目的がある。

8 生活者目線を常に意識する

それは衝撃的なニュースだった。

日本では人口減少が進み二〇四〇年に八九六市町村が消滅するかもしれないという予測（日本創成会議・人口減少問題検討分科会発表）だ。

二〇一四年に発表された後、「二〇四〇年問題」と定義された。

町が消えてなくなるというより破綻するという意味らしいが、すでに限界集落が存在する秋田に暮らしていると、消滅という言葉はいよいよ現実味を帯び、心を抉（えぐ）られる。

フリーランスとして独立後、地方を拠点に探検を続けてきた。

秋田に生まれ育ったという境遇以外にも、地方にこだわる理由がある。

世界五十カ国以上を歩いてきたわたしは、いつも旅人という立場であった。現地人との壁を感じることがしばしばあった。その土地に暮らす者にとって当たり前の風景を、安易に秘境と呼んでしまうことだ。同じ風景を見ても日常か非日常かで一八〇度違ったものになる。

旅人と生活者。どちらから見ても発見と呼べないものは、真の発見ではない。

追いかけるものを外側から眺めているだけでは、物事の核心にはたどり着けない。

客観的な視線は必要だが、それだけでは外殻を破って中には入れない。当事者にならなければ、伝説も神話も単なるお話にすぎない。それらに生命力を与えるのは日々営まれる生活なのだ。

わたしは物語を旅する探検家として、物語の現場に住もうと考えた。

それまでは上京して、東京で暮らすことを当然のように思っていた。地方では大学も就職先も限られている。だが東京で大学生になり、広告代理店に就職した自分にとって、東京でできることはかえって少ないことを知った。

東京には何でもあるように見える。

その考え方自体が、時代や社会により作り出された理想であり幻想なのだ。

東京は地方から運び込まれた人や物で構成されている。**東京にリンゴは運ばれてくるが、リンゴの木ごと持ち込まれることはない。**果実を生む木やその根っこを確かめるためには、地方に行かなければならない。

インターネット時代の現代、むしろどこに住むかが人生に違いや差をもたらす。

わたしは物語の現場が多く残る地方を選んだ。

幸い、生まれ故郷の秋田では伝説が書籍の中だけでなく、伝統行事やお祭りの中に生き、地名や方言、食事などとも深く結び付いている。

例えば秋田の男鹿半島に伝わるナマハゲ行事は漂着異人説が起源のひとつとされるが、男鹿にはロシア人などの異国人漂着事例がある。

また近海で冬に獲れる深海魚のハタハタは、漢字で「鱩」や「鰰」と書くが、雷が鳴り、神が降臨するかのような荒れた冬の日に接岸する。

そのような民俗文化が今も息づく現場に暮らし日々を送ることで、わたしはほかのどんな場所に行っても、「他者」としての客観的な視点だけではなく、土地の「生活者」に寄り添う当事者目線でも物事を見ることができるようになった。

過疎化の波が押し寄せ、地方の市町村から人がいなくなるなら、伝説は忘れ去られ固有の祭礼や習俗も消えてなくなる。精神文化の灯は消える。

悲しいかな、もはやその大きな歯車の動きを誰も止めることはできそうにない。

地方破綻から日本消滅が進行しつつある。ぼんやりとしてはいられない。自分ができることはただひとつ。日本の謎を解きまくることだ。

新時代のフロンティアは、日本の地方にある。大いなる開拓者は、地方から生まれる。

9 異分野を横断する

「こんなところをどうやって登るんだ！」

二〇一六年八月。剱岳（つるぎだけ）（標高二九九九メートル）にやって来たわたしは、登山道で絶句した。

前途には、「カニのたてばい」と呼ばれる五〇メートルもの岩壁がそびえる。別山尾根コース上の最難所だ。その名の通り登山者は岩壁をカニのように垂直に這い上がらねばならない。肩に力が入り、足がすくむ。岩壁に打ち込んである鉄のボルトに頼り、どうにかクリアした。

日本百名山の中で最難関とされる劒岳には、日本山岳史上、最大の謎が残されている。

弘法大師がわらじ三千足（六千足とも）でも登れなかったとされる劒岳に一九〇七（明治四十）年、果敢に挑んだ男たちがいた。日本陸軍陸地測量部の柴崎芳太郎（一八七六―一九三八）が率いる測量隊だ。

彼らは劒岳山頂に三角点を築き、地形図を完成させる使命を負っていた。決死の覚悟で登頂に成功した彼らは、山頂で平安期頃の仏具を見つけた。すでに劒岳に登頂していた人がいたのだ！

誰が、いつ、どのようにして、どのルートから登ったのか。

それは今なお謎のままだ。なぜ手つかずのまま放置されてきたのか。

単純な話だ。資料がない古代のことを調べようがない。その現実が人々の好奇心の芽を摘んでしまった。

だが資料だけがすべてだろうか。

わたしはキャプテン・クック追跡の体験から、文字資料だけではなく、現場から謎解きの手がかりを得るヒントを得た。

資料を根拠とする歴史学では解けない謎でも、探検家の視点と行動、独創性で解けるかもしれない。

しかも、剱岳の謎解きは、新たな試練を与えた。

これまでは常に探検を牽引する物語があった。

ロビンソンや浦島太郎、あるいは歴史上存在した間宮林蔵や野村長平にも、断片的な記録という物語があった。

だが剱岳の謎には、仏具があるだけで物語は存在しない。これまでとは逆に、旅から失われた物語を探し当てなければならないのだ。

それは探検における第3フェーズの始まりだった。

第1フェーズ　『ロビンソン漂流記』「浦島太郎」など架空の物語に潜む歴史的事実をつきとめる

第2フェーズ　間宮林蔵、野村長平など実在した歴史人物の伝説から知られざる歴史的事実を追跡する

第3フェーズ　劔岳に残された仏具から失われた物語を蘇らせる

古代の仏具というもの言わぬ遺物から、物語を読み解くことなどできるのか。

山や歴史の研究者に話を聞くと、それぞれのネットワークがあり、体系化された情報があり、縦社会が存在する。

これまでの第1・2フェーズでは、その専門領域に深く入り込むことで、探検すべき空白部が自ずと見えてきた。

だが第3フェーズの場合、それぞれの分野から得られる情報は限られていた。その縦社会からでは劔岳の物語は見えてこない。

縦割りであるからこそ、経験や知識が蓄積されている。

それぞれの分野の知見や技術を横つながりに結んでいけば、新たな視界が広がるのではないか。

わたしは郷土史や山岳信仰の研究者、登山家から、現地の地名や伝承、山中に残る名前がついた岩、さらには山岳信仰の対象になった磐座（聖地）などの情報を得た。

それらの点を地図にプロットしていく。

すると山中に埋もれた一本の古道が浮かび上がった。

古道は人の営みを表す。

失われた物語が、まるで炙り出しの絵のように姿を現したのだ。

探検や山に限ったことではない。**どの世界にも、伝統や因習がある。**「それをぶっ壊せ」とは言わない。**壊すのではなく、横断的リノベーション、つまり異分野で再利用する**のだ。

異分野を横断する秘訣はコラボレーションにある。

コラボは互いをリスペクトし、ないものを補い合う。

これまで様々なテーマに探検家として取り組んできた。世界文学、日本昔話、宗教、歴史、山岳。旅をして書いた本は毎回、書店の違う書棚に並べられてきた。縦割り社会の中でわたしの活動はいつも細切れにされ、無秩序なものに見えるのだろう。

ロビンソンの探検者と浦島太郎の追跡者、さらにはサンタクロースを調べた者が縦社会では同一人物とは認知されない。毎回、ゼロ出発で挑んできた。

だがそれは多様な世界へと旅に出て、別分野の専門家とコラボした結果なのだ。ジャンルという縦割りではなく、「物語を旅する」という横断型スタイルで生きている。自分の行動のマトリックスを水平に広げていくことは、どこにでも居場所を作るノマド（遊牧民）のライフスタイルを貫くことだ。

すべてを横につなげることは、すべてを均等にリスペクトすることでもある。

今こそ社会は横に繋がらなければならない。

それは時代をより自由で、創造性豊かな方向に導く。

10 物語を現実に置き換える

物語を旅する。

わたしが物語に惹かれるのは、その力を信じているからだ。

人間は物語がないと生きられない。

科学の時代に生きるわれわれは、事実や証拠を重視する一方、「成功神話」のような曖昧な話を好み、誰しもがハッピーエンドの人生を願っている。

人間が生きているのは現実と神話、双方が重なる世界なのだ。

『ロビンソン漂流記』（一七一九年）が刊行から三百年の節目を迎えた二〇一九年、渡米してニューヨークで記念講演を行った。

探検家クラブの本部講堂でテーマに掲げたのは「東西のロビンソン」だ。

『ロビンソン漂流記』のモデル、アレクサンダー・セルカークと「東洋のロビンソン」野村長平のサバイバルを比較しながら伝えた。

探検人生の一ページを『ロビンソン漂流記』から始めたわたしは、人生の基盤となったこの物語に恩返ししたいと思っていた。一方、ニューヨークで東洋のロビンソンという、誰も知らない漂流物語も伝えたかった。

『ロビンソン漂流記』にはモデル、セルカークがいた。

江戸時代の人である長平の漂流体験からも小説が書かれた。

どちらも物語となって読者を得て、人々の記憶に留まった。歴史から姿を消した幾多の漂流者たちの中では稀(まれ)な存在といえる。

だが小説のモデルとなってしまったセルカークや長平の足跡を現実に探し出そうという人はいなかった。

わたしはそこにあえて楔を打ち込んだ。

彼らは物語の主人公になることで、架空の存在同然に扱われてしまったのだ。

彼らの足跡を追跡しようと思ったのは、**物語の中から埋没したリアリティを救い出す**ためだ。

たとえ忠実に描かれた歴史小説であっても、それは物語の中のできごとに留まる。物語と現実には線が引かれ、物語の登場人物の役割は、寓意(ぐうい)などを伝える存在になってしまう。

一方、歴史上の人物はリアルな存在として、人々から敬われる。歴史上の人は、あくまでも等身大の存在だからだ。

無人島に残された漂流者の足跡を探ることで、彼らを物語の存在としてではなく、歴史上の人物として世の中に認めてもらいたいと思った。

確かな足跡を見つけることができれば、歴史上の人物とみなされる。特に野村長平は単なる冒険者を超えた世界記憶遺産に残すべき、類稀な博愛の人だ。

彼は島で寂しく命を落とした漂流者の遺骨を日本本土に持ち帰り、魂を救済しようとした。持っていた鍋などの生活具を洞窟に残し、将来の遭難者を救おうとした。自分たちの命を繋ぐことさえ困難な状況下で、過去や未来で苦しむ者に救いの手を差し伸べたのだ。

現場で彼の足跡をたどってこそ、人はそのリアルな勇気と人間愛を胸に刻み、生きる指針にすることができる。

一時間の講演を終え、聴衆から「インクレディブル！」（驚きだ）と声をかけられた。ニューヨークのマンハッタンに「チョウヘイ！」と彼の名を呼ぶ声が響いた。

未来へと突き進む探検にはどんな可能性があるだろうか。

物語を旅するわたしにとって、それは物語のリアル化にある。

フィクションに潜む現実を引き出すことで、物語は生きるよすがとなる。

探検は、物語が現実であることを証明してみせる。

それが等身大の人間ドラマであることを明らかにする。

物語の中から現実を掘り起こせば、勇気を与えられ命拾いする人がいるに違いない。希望と笑顔を取り戻す人だってきっといるはずだ。現に死神と対峙していたわたしも、鳥島の漂流民、長平物語の現実を追うことで救いを得たのだ。

長平をニューヨークの人の心に届けたわたしは、探検の無限大の可能性をそこに見た。

たとえ日本で忘れ去られた物語であっても、世界で必要とする人がいる。

11 敗者から学ぶ

物語とは何か。何のためにあるのか。

物語の種を探し求めてきたわたしは、いつもその問いと向き合ってきた。

物語に秘められた現実には、共通したトーンがある。どこか物悲しいのだ。

鬼の話は、そのいい例だ。

冷酷無残な悪者として描かれるばかりではない。『泣いた赤鬼』のように人間と仲良くなろうとするあまり、仲間の自己犠牲に心を打たれる優しくも、悲しい話さえある。

平安末期に書かれた『今昔物語集』の「百鬼夜行」、日本昔話「桃太郎」から漫画『鬼滅(きめつ)の刃(やいば)』まで、鬼は時代を超えて物語に登場し、われわれの心の中に生きている。

なぜわれわれは鬼を必要とするのか。

邪悪で、恐ろしく、人間を破滅に追いやろうとする鬼の存在意義はどこにあるのか。


鬼伝説の原型のひとつは、平安時代に遡る。

征夷大将軍の坂上田村麻呂（七五八―八一一）は大和王朝の支配下に収まろうとしない東北に遠征し、地元の蝦夷(えみし)と戦った。

侵略する者と侵略される者の戦い。

勝利を収めた者が歴史を握り、敗者である蝦夷を鬼とする鬼退治の伝説が誕生した。

調べるうちに意外な事実に行き着いた。田村麻呂は、東北で英雄として語り継がれている。そればかりか、神として崇拝までされている。本来なら侵略者として忌み嫌われるのが自然ではないか――。

素朴な思いから、真相に切り込んでいけそうな、歴史の一コマにたどり着いた。田村麻呂は蝦夷の首長アテルイとモレを降伏に追い込み、京の都へ連行した。京都で和議を結んだ後、田村麻呂は彼らを東北に帰還させるよう朝廷に嘆願した。だが「虎を放つも同然」として、二人は斬首されてしまう。

なぜ田村麻呂は蝦夷の首長を救おうとしたのか。

坂上田村麻呂は東北出身で、蝦夷の血を継いでいたのではないかという論考がある。証拠不十分として定説とはされないものの、田村麻呂が示した敵への温情、東北で田村麻呂が英雄や神と称えられている点などが矛盾なく説明できる。

鬼とは何者か。

答えは時代や地域、伝承によって異なる。山に棲む獣、疾病や災害など人知を超えた恐るべき存在だ。だが描かれるその姿は異形ながらも人間を思わせる。日本人が古来、伝えてきた鬼伝承の核心はそこに仄見える。

つまり鬼とは、妖怪や怪物と呼ばれながら、人間でもあるのだ。

人間が人間を鬼と呼ぶ現実を知る。

鬼伝説には作者が後世に伝えようと願った人間の負の遺産が込められている。

正義と悪。英雄と悪魔。人と鬼。

たとえ鬼となっても物語の中に生きながらえ、鬼にされたことを未来の誰かに訴えかけようとする人間の叫びがある。その阿鼻叫喚にこそ、物語が存在している真の意味がある。

歴史は勝者が作る。だが物語は敗者が作る。

そんな現実に到達したわたしは、物語にさえなれなかった魂の叫びが無数にあることを知った。せめて鬼として生き残った不遇な魂を深く追求することで、失われた、もうひとつの日本の姿を見定めたい。

12 悪いことと、いいことをひっくり返す

コロナ禍で外出ができなくなった。

「巣ごもり」を強いられた探検家は、もはや探検家ではいられない――。

心の支えになったのはやはり物語であり、その現実だった。

『ロビンソン漂流記』は二十八年間、無人島に巣ごもりした男の物語だ。

世界中の読者に勇気を与える名作には閉鎖空間で生き抜いたモデルまでいるのだから、その現実を知れば巣ごもりなど恐るるに足りない。

衣食住が整っている限り、人間はどこまでも生き延びられる。試練を与えるのは他者ではない。むしろ自分自身だ。ストレス、不安、絶望。それらは漂流者の心の奥底に巣食い、精神を蝕(むしば)んでいく。

ロビンソンは自分に起きた悪いことと、良いことを書き出した。良いことをもたらす幸運を神の思し召しと感謝し、ポジティブ思考を保った。その思考法に倣ってみる。

悪いこと。旅に出られない。
良いこと。安全な居場所がある。

その**悪いことと、良いことをひっくり返してみる。**

悪いこと。安全な場所がある。

良いこと。旅に出られない。

ここからブレークスルーを始めよう。


安全な場所を、どうしたらもっとハラハラする場所に変えられるか？

旅に出られないことを利用して、どんな良いことが始められるか？


旅をせずに心臓がバクバクするような体験をする方法とは――。

未知の世界を求める現代の探検は、宇宙や深海に移った。そこでは探査にロボットが使われる。人間がたどり着けない場所での活動を可能にする新しい探検スタイルだ。そこにもヒントがある。

未来を拓くツールのひとつは、グーグルアースだ。

これまでグーグルアースを利用しながらも、どこか敬遠するところがあった。映し出されるバーチャル世界はあまりにも詳細で、旅に出る必要がなくなるほどだ。探検はあくまで現場検証を基本とする。

グーグルアースは、探検の存在意義を根底から崩壊させる脅威的なツールと映ったのだ。


だがコロナ禍により人間が旅をできない世界が誕生した今、宇宙や深海ですでに始められているリモート探検に思いが転じた。

自宅は、遠隔探検を行うミッションコントロールセンターだ。

グーグルアースは実際に現場に行かないものの、現場の様子を上空から探る探査衛星であったり、地面を走るローバー（探査車）となる。

世田谷文学館（東京都）で開催されたオンライン講演会を機に、これまで旅してきた六大陸やロビンソンの島、鳥島、剱岳などをグーグルアースで覗いてみた。こんな場所に行っていたのか――。野犬に襲われたサハラ砂漠や両足骨折をしたアマゾンなど、パソコンを前に思わず冷や汗をかく。

上空からの、いわば神の視点で世界を俯瞰すると、自分が両足で超えてきた大地の過酷さ、果てしなさに戦慄(せんりつ)さえ覚えた。

公開されているグーグルアースの精度では、実際に探検ができるとは言い難い。だが自分が打ち破らねばならない殻の存在に気づかせてくれた。

考えてみれば、**「探検とは現場に立つこと」**と思い込んでいた。

だが**その発想自体、醜い固定観念**なのだ。

「現場に立たない探検」こそが新時代を築く。現代のテクノロジーを活用し現場に行くリスクを減らすこともできる。

家から一歩も外に出ずに、どこまで探検が可能だろう。

その答えの先に、新しい時代の探検が待っている。

好きなことをとことんやり続けるための3つの心がまえ

A ロールモデルを持つ

やりたいことがあるなら、「あの人のようになりたい」とお手本になる人もいるだろう。それをロールモデルという。

人まねは良くないが、刺激を与えてくれる憧れの存在は大切だ。

シュリーマンやハイラム・ビンガム以外に、わたしにはもうひとりのロールモデルがいる。

それは、インディ・ジョーンズだ。映画「レイダース　失われたアーク（聖櫃）」

に始まるシリーズ作品の主人公であり、実在の人物ではない。

ロールモデルは、自分がやりたいことに力を与えてくれるなら誰だって構わない。

インディは架空の存在だが、想像の産物ではない。

彼は実在した探検家たちが着ていた洋服や道具、危機一髪のエピソードから作り出されたキャラクターだ。映画でインディを演じたハリソン・フォードもニューヨークの探検家クラブを訪れ、リサーチを行ったという。

「レイダース　失われたアーク《聖櫃》」の冒頭エピソードは有名だ。

失われた都市を求めるインディは南米のとある洞窟の中で、仕掛けられた様々なトラップをかいくぐり、秘宝である黄金像を手に入れた。最後は、転がってくる巨大な岩をかわして脱出に成功する。

その一場面は東京ディズニーシーのアトラクションになり、多くの人が手に汗握る場面を味わったことがあるだろう。

映画の冒頭、インディは洞窟の中で骸骨になった探検家を「フォレステル」と呼び、哀れみの視線を向ける。

そのフォレステルこそ、失われた都市を求めてブラジルで失踪した探検家のフォーセット（一八六七―一九二五？）だ。

わたしもフォーセットの後を追い、失われた都市の探検に出かけた。

だがジャングルに足を踏み込むどころか、リオデジャネイロの中心部でストリートチルドレンに襲われるという体たらくぶりだ。

インディをロールモデルとするのは、彼がマッチョでタフだからではない。むしろその逆だ。インディは嫌いなヘビが出ると恐れをなして一目散で逃げる。彼は現場でたびたび弱みを見せる。

わたしの探検にも、ヘビやゴキブリはよく出る。

南太平洋のイースター島では勇んで洞窟に潜り込んだまではいいが、そこは巨大ゴキブリの巣窟だった。思わず飛び上がって逃げだし、洞窟探検を即時中止、撤退した。

インディも逃げているのだから、それでいいのだ。

コンプレックスを包み隠さずモロ出しのまま、本能のまま旅を続ける。

そんなインディの姿は無性にかっこよく見え、憧れを誘う。単なるヒーローではないのが、真のロールモデルなのだ。

B 自分史上初を狙え

いつだって、「自分史上初」を意識してきた。

二十代で旅の魅力にはまり、六大陸を目指した。

何より価値があることは、それが「自分史上初」の試みだったという点だ。**他人や社会のことなどどうでもいい。自分と好きなこととの間に他人は介在しない。**

気になることが出てきたら、できることから行動を起こしてみる。

やがて前途に壁が出現する。すぐには越えられないかもしれない。だが壁を越えたら「自分史上初」という記録が樹立される。

実はそれこそが人生をおもしろくする方法だ。

自分の好きなフィールドで、「自分史上初」の課題を見つけること。

目標を立て、自分史上初を次々とクリアしていってみるがいい。

前途には、本当に前人未到の世界が見えてくる。

わたしが人生で手にした幸福は、ロビンソンの住居跡を探し出したという成果以上に、誰も足を踏み込んだことのない、前人未到のテーマにたどり着いたという点だ。

ロビンソンだけではなく、浦島太郎、鳥島漂流民の足跡や剱岳の錫杖（しゃくじょう）の謎など手つかずのテーマは、神様が恵んでくれた一期一会の尊いチャンスだ。

世界初となるテーマを見つけ出せるのは特別の能力ではない。

スポーツの世界記録を樹立するアスリートやノーベル賞を与えられる科学者も、基本的には自分史上初（あるいは最高記録）を積み上げただけのことだ。**道のりは果てしなく思えるかもしれないが、自分史上初は自分にしかできない。**

やがて見えてくる前人未到の地点は、目の前にある自分の一歩から始まる。

 自分の人生を生き抜く

なぜこの世に生まれてきたのか。

誰にもわからない。

それは縁や運命であり、物語が始まったからとしか言いようがない。

物語の最初に登場するのは両親だ。いま目の前にいても、いなくても、両親が人生の物語の扉を開くきっかけをくれた。

人生は多くの出会いでできている。両親、家族、親戚、友人と広がっていく。

出会いは物語の展開を生み出す。突然、幸運が舞い込むこともあれば、不幸へと転

落し始めることもあるだろう。

出会いはいいものばかりではない。

命を奪うものから、人生を台無しにしたり、最初からやり直しさせるようなものだってある。**たとえ許し難いことが起きたとしても、すべて飲み込んで物語にしてしまえ。**たかが物語。されどその物語に万人が涙し、同情し、手を差し伸べてくれることだってあるかもしれない。

地球上には七〇億もの人がいるという。

世界の六大陸を旅して知ったのは、どんなに遠くまで旅をしても、出会えない人には出会えないという現実だ。

縁がない人は、自分の物語の登場人物にはなれない。

だからこそ、ほんの一瞬でも出会った人との一期一会に重みを感じる。

新しい出会いを経験するたびに、その人からバトンを渡されるような気分を味わう。リレー競技のバトンには、前走者が全力疾走して積み上げた情熱や執念、ゴールに向かう気迫が込められている。

人に出会うことは、その人が紡いだ人生物語のエッセンスを受け取ることだ。

それを自分の中に取り込み、繋いでいくことこそ、人生の出会いの意味だ。わたしは、自分の物語に登場するすべての人に感謝している。

ヒマラヤの山賊、逮捕しようとしたナイジェリアの警察官、あるいはブラジルのストリートチルドレン。もう二度と彼らに会うのはごめんだが、悪党からも学びの機会は得られる。

人間とは何か。善悪とは何か。

人生最悪の出会いだからこそ、知り得た知恵がある。

誰の人生にも物語がある。

きっと大団円を迎えるときには、映画のエンドロールに映し出される出演者やスタッフ、スペシャルサンクスの人と同じように、数えきれないほどたくさんの人がクレジットされ、物語の余韻とともにいつまでも刻まれることだろう。

人間は、誕生とともにひとつの物語を与えられる。

この世で生きることとは、その物語を与えてくれた縁に報いることだ。両親、そして登場人物となるすべての人と、その物語に感謝と敬意を捧げることだ。

生き抜くとは、世界にひとつ、かけがえのない物語を完結させること。

さあ、物語を旅しよう。

エピローグ

Ｂ29の機体が山中に残っている。

そんな情報をもとに、新しい探検プロジェクトを始めた。

Ｂ29スーパーフォートレスは、戦時中にアメリカが日本本土を襲った大型戦略爆撃機だ。日本に原子爆弾を投下した機体がＢ29だ。日本に飛来したそのうちの一機が墜落現場に、今なお残されているという。

情報をもとにおおよその位置を絞り込み現地に向かったが、深い茂みと峻険な山嶺に前途を阻まれてしまった。でも諦めず、次のチャンスに賭けよう。

戦争が終結してすでに七十年以上の歳月が流れている。

なぜ今、Ｂ29を追跡するのか。どんな発見をしようというのか。そんな自問が何度も胸の中を駆け巡る。

残された機体の一部を探し出すことはできるだろう。それは物体にすぎない。墜落した事実と現場がある限り見つけることは可能だ。

だがそれは単なる物でもない。人と人とが互いに武器を持ち、殺し合いをした過去が色濃く刻まれている。それを薄暗い山中から見つけ出し、公の目の前に晒(さら)すことにどんな意義があるだろうか。

戦争で命を落とした人の魂に寄り添う追悼と、死を無駄にしないための誓いだ。それなくして真の発見はない。


物質世界を超えた精神世界にまで足を踏み込む。

それが探検というものだ。

とはいえ多くの場合、見えない世界や繋がりに気づいたとしても、物的証拠や状況証拠を示せなければ、心の中にしまっておくしかない。

探検家は、社会の中で「リアリスト」でなければならない。

いかに映画のような冒険劇を演じても、ロマンあふれる謎に向かっても、持ち帰る発見は空想ではなく、実物でなければならない。それは社会が探検家に求める使命である。探検は未知なるアウター世界を旅する現実家であり、インナー世界を旅する夢想家ではない。

プロローグで、「これまで九死に一生を得た体験をあまり語ってこなかった」と書いた。同じように創生神話やロックアートの現場で味わった不思議な体験や、精神世界を覗き見るようなできごとについても、ほとんど口を閉ざしたままできた。それらを包み隠すことなく本書に綴ったのは理由がある。

探検家が探し求めようとするものが単なる物ではないように、そこには見えない人間ドラマや魂が宿る。物語を尊重しない者は、真の発見にはたどり着けない。

広告の仕事からも同じようなことを学び、感じた。ドライな社会では売り上げという結果だけがすべてだ。だが人の喜びや悲しみがわからない者に、夢を人に与える広告を作る資格などないはずだ。

おそらく世の中のあらゆる職業に似たようなジレンマがあるだろう。理想と現実が生み出すギャップだ。

いや職場だけではない。義務と責任、自発的と強制的、伝統と革新、愛とお金、生と死。人はそれら対極にあるものと、それぞれの食い違いの中でバランスをとって辻褄を合わせながら生きなければならない。

本書で探検の二面性とそれにどう向き合ってきたかを赤裸々に伝えたのは、矛盾や閉塞感の中で思い悩む人にわずかでもヒントになればと思ったからだ。

ジレンマに対し、わたしは「おもしろい」をコンパスにして生きてきた。

迷ったらおもしろいほうを選べ。

「おもしろい」は自分を裏切らない。

何かをおもしろいと思う気持ちは、心の奥底から湧き出す純粋な感情だ。そのとき、そのときでおもしろいと思うことを追いかけていけばいい。そんな生き方ができるなら、それ以上に幸せな人生はほかにないだろう。

板挟みとなり苦しい時期はある。

辛くて逃げだしたい局面も味わうだろう。

だがそれは、この世に生まれた自分に与えられた物語の一場面にすぎない。

おもしろいことに打ち込んでいる者は、困難さえ「おもしろい」の一部として、さらにおもしろくさせるプロセスに変えてしまう。


このことに気づくまで、ずいぶんと遠回りをした。

世界の果てまで出かけ今なお旅を続けているが、自分がおもしろく思うことに向かう以上の、最高の生き方は見つけられない。

もちろん、自分に与えられた物語より、他人の物語が羨ましく見えるときもある、自分の物語が好きになれないこともある。

だが**生きている以上、自分の物語はいつも書きかけのままだ。**

結末は自分で変えられる。

「おもしろい」をコンパスにして、どこまでも生きていこう。
どこにたどり着けるのか、何が待っているのかはわからない。
答えは旅の中にある。

謝辞

「幅広い世代の読者に届くビジネス書（人生論）を」とアスコムの柿内尚文さんから依頼を受けたのは二〇一四年のことだ。編集部の小林英史さんはじめ、多くの方にお世話になって七年がかりで刊行にこぎつけた。

奇しくも二〇二一年はセルカーク没後三百年、長平の没後二百年という節目にあたる。本書はもともとこのタイミングで世に送り出すべく運命づけられていたのかもしれない。

振り返れば、企画の始まりはもっと古い。三十年も前、わたしは読売広告社の同僚として柿内さんと出会い、仕事そっちのけで旅の武勇伝を語った。本書の依頼を受けたとき、その続きが再開したような気分だったし、彼に後日談を語るように筆を執った。

ビジネス書とはいえ本書にそれらしさがないのは、そんな事情が絡んでいる。

探検家となる運命のサラリーマンを温かく受け入れ、育ててくれた岩切靖治さんや髙田俊一さん、本企画を売り込んでくれた名雲康晃さんなど職場で出会った人々がいなければ、探検家としてのわたしはもちろん、本書が誕生することはなかった。皆さんとの出会いと力添えに心より感謝したい。

二〇二一年一月　青空を流れていく雲を見つめながら。

髙橋大輔

最高におもしろい人生の引き寄せ方

発行日　2021年 3月1日　第1刷

著者　高橋大輔

本書プロジェクトチーム
編集統括　柿内尚文
編集協力　洗川俊一、名雲康晃
カバーデザイン　鈴木大輔・仲條世菜（ソウルデザイン）
写真　（カバー）Janne kahila／Norway／ゲッティイメージズ
（本文）Sachiko's photography／Moment／ゲッティイメージズ
Anton Petrus／シャッターストック
校正　植嶋朝子

営業統括　丸山敏生
営業推進　増尾友裕、藤野茉友、綱脇愛、大原桂子、桐山敦子、矢部愛、寺内未来子
販売促進　池田孝一郎、石井耕平、熊切絵理、菊山清佳、吉村寿美子、矢橋寛子、遠藤真知子、森田真紀、大村かおり、高垣真美、高垣知子
プロモーション　山田美恵、林屋成一郎
講演・マネジメント事業　斎藤和佳、志水公美

編集　小林英史、舘瑞恵、栗田亘、村上芳子、大住兼正、菊地貴広
メディア開発　池田剛、中山景、中村悟志、長野太介、多湖元毅
管理部　八木宏之、早坂裕子、生越こずえ、名児耶美咲、金井昭彦
マネジメント　坂下毅
発行人　高橋克佳

発行所　株式会社アスコム

〒105-0003
東京都港区西新橋2-23-1　3東洋海事ビル
編集部　TEL：03-5425-6627
営業部　TEL：03-5425-6626　FAX：03-5425-6770

印刷・製本　中央精版印刷株式会社

Printed in Japan ISBN 978-4-7762-0902-7